A 京都のりもの路線図

- 市バス 市中心部循環系統
- 市バス 均一系統
- 市バス 調整路線系統
- 京都バス
- 京阪バス
- 阪急バス
- 京阪京都交通バス
- 京都京阪バス
- 西日本JRバス（高雄・京北線）

※矢印が附随する系統番号は、片側方向のみの運行であることを示す。
例）↑62　←(11・28・93)

2025年4月1日現在判明分　制作・発行／（株）ユニプラン
※（　）内のバス停名は、同一留所でバス会社により呼称の異なるものです。
※本路線は、生活路線など一部系統を割愛しております。
無断転載・複製を禁じます。©ユニプラン

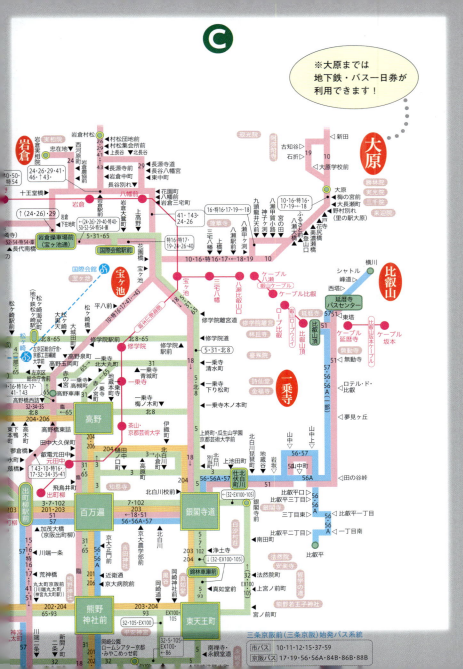

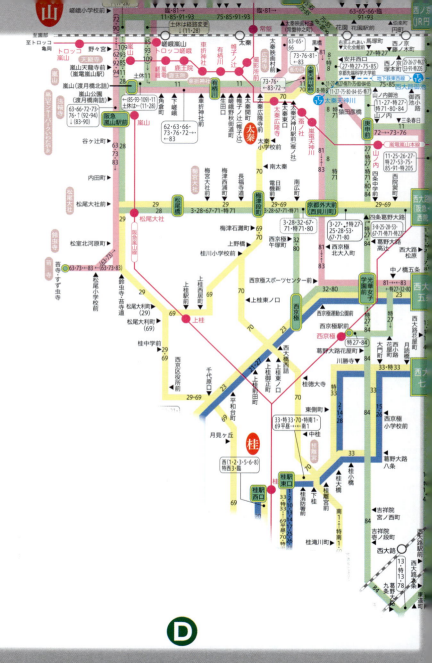

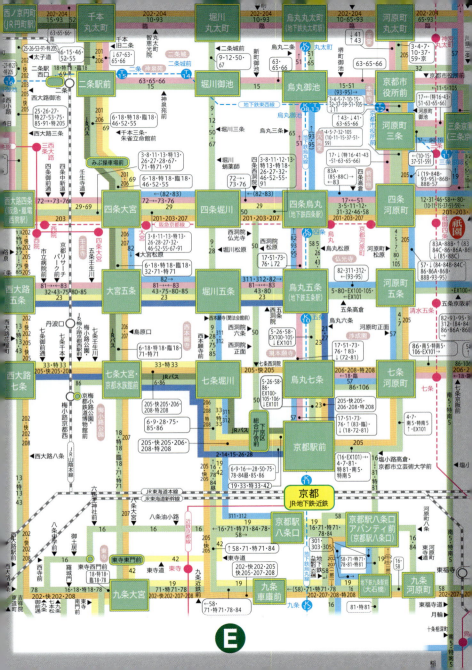

●● この本の使い方

この本は、『地下鉄・バス一日券』利用する貴方が、現在いる場所から、次の目的地へいくための市バス・地下鉄アクセスガイドです。弊社選択の各エリアは見開きで構成されており、左側が現在地周辺MAP、右側がこれから行きたい目的地への行き方になっています。
本書籍は、『地下鉄・バス一日券』1100円（市営地下鉄及び市バス全域、京都バス・京阪バス・西日本JRバス一部）の利用に便利な対応版となります。

※のりもの案内サンプル

目的地	参照頁	乗り場	待ち時分	アクセスと下車バス停　※太字は1時間に4便以上（昼間）	乗車時分
西本願寺	21	⑥1	5	**9**で西本願寺前❷	5
南禅寺・永観堂	52	地京阪駅	4+4	地下鉄烏丸線〔上り〕で烏丸御池駅㉖蹴上駅	6+7
広隆寺	69	⑥4	5+10	**26**で四条大宮㉖**11**で太秦広隆寺前❻	19+18
天龍寺	71	D3	15	**28**で嵐山天龍寺前❷	45

《のりもの案内の見方》

目的地〔これから行きたい所〕
　ここで見つからなければ、物件索引（P105）でも。

参照頁〔目的地の地図ページ及び巻頭路線図ページ〕

乗り場
　市バス乗り場は、地図中に番号等で記載（不使用番号等もあり）。

待ち時分〔市バス停・地下鉄の駅等での平均待ち時間〕
　当日の交通事情等によって、記載より長く待機する場合があります。

アクセスと下車バス停
乗車市バス系統等を記載、下車バス停の降り場位置は目的地先の地図を参照してください。『地下鉄・バス一日券』で行く、主な観光地範囲を掲載しています。なお、**太字のバス系統**は13時頃に1時間4本以上のバスであることを示しています。
　㉖…乗換です。P81からの『乗換に便利な交差点』も参照ください。

※一部系統名を略しています
　例：西日本ジェイアールバス 高雄・京北線→JRバス

乗車時分〔乗車所要分、平日の13時頃の所要分〕
　乗換えの時間や、のりものを待つ時間は含みません。

あんじょうお行きやす

　京都の各エリアは、その土地柄や道行き、行・催・祭事などに由来した独特の呼称で親しまれています。ここではさらに足を伸ばして低予算で観賞できる、おすすめのスポットを掲載いたしました。「地下鉄・バス一日券」で効率よく京都を巡り、ゆとり分の予算で記念の品を購入するなどして、ご利益をもゲットできれば旅の成果はさらに増すことでしょう。京都は至る所に歴史の遺構が散りばめられています。地方の方をはじめ、京都ファンや歴史ファンの方々が予備知識としてその理解を深め、有意義な旅の手助けとなるよう配慮致しました。お役に立てれば幸いです。

1

CONTENTS

- **巻頭**………京都のりもの路線図（分割）
- **1** …………この本の使い方
- **3** …………ご使用の際の注意
- **4** …………地図記号一覧
- **5** …………京都バス・市バス「嵐山」付近の土休日経路変更図
- **6** …………京都全体図（索引図）
- **7〜8** ……洛中ガイド
- **9〜11** …洛東ガイド
- **12〜13** …洛北ガイド
- **14〜16** …洛西ガイド
- **17** …………洛南ガイド
- **81〜83** …乗換に便利な交差点

のりもの案内

- **18** ……京都駅
- **20** ……東本願寺・西本願寺
- **22** ……東寺
- **24** ……四条河原町
- **26** ……四条高倉・四条烏丸
- **28** ……四条大宮・壬生寺
- **30** ……河原町三条
- **32** ……京都御所
- **34** ……下鴨神社・出町柳
- **36** ……西陣
- **38** ……二条城

- **40** ……東福寺・泉涌寺
- **42** ……三十三間堂
- **44** ……清水寺
- **46** ……祇園・八坂神社
- **48** ……知恩院・青蓮院
- **50** ……平安神宮
- **52** ……南禅寺・永観堂
- **54** ……銀閣寺

- **56** ……詩仙堂・曼殊院
- **58** ……上賀茂神社
- **60** ……大徳寺

- **62** ……北野天満宮
- **64** ……金閣寺
- **66** ……龍安寺・仁和寺・妙心寺
- **68** ……広隆寺・東映太秦映画村
- **70** ……嵐山
- **72** ……嵯峨野・大覚寺
- **74** ……松尾大社

- **76** ……伏見稲荷
- **77** ……伏見桃山

- **78** ……岩倉
- **79** ……高雄
- **80** ……大原

- **84〜104** …市バス系統図と時刻表QRコード
- **105** …………物件索引
- **106** …………奥付

市バス系統図索引

- **84** ………市バスEX100・EX101・102
- **85** ………市バス105・109
- **86** ………市バス201・202
- **87** ………市バス203・204
- **88** ………市バス205・206
- **89** ………市バス207・208
- **90** ………市バス1・3
- **91** ………市バス4・特4・5
- **92** ………市バス6・7・8
- **93** ………市バス9・10
- **94** ………市バス11・12
- **95** ………市バス15・16
- **96** ………市バス26・28
- **97** ………市バス29・32
- **98** ………市バス37・42
- **99** ………市バス46・50
- **100** ………市バス51・55・58
- **101** ………市バス59・65
- **102** ………市バス80・86・91
- **103** ………市バス93・北1・北3
- **104** ………市バス北8・南5・南8

●● ご使用の際の注意

バス停名が２つ？

本書では、主力である市バスの名称を最初に、次に民間バス停名を（　　）で記しています。市バス停名称は、接続駅の名称を付記することとなりました。
例：四条烏丸→四条烏丸（地下鉄四条駅）

本書、路線図でも採用させていただきましたが、「地図中」及び「のりもの案内」では、スペース等で見づらくなり、多くは割愛させていただきました。

複数のバス乗り場（下車バス停）

繁華街の大きな交差点のバス停では、１０ヶ所以上の乗り場が設置されているところもあります。乗車時にはもちろん、下車の際にも、あらかじめバス停の位置を確認しておけば、より目的地にスムーズに行くことができます。

市バス系統図とQRコード

P84からの主な市バス系統図は、どちら方向の乗り場から乗ればよいのか、あといくつで目的バス停に着くのか、本文に無い目的地への行程等、安心して乗降していただく一助となります。QRコード読み取り機能付きの携帯電話をお持ちなら、市交通局携帯サイトの系統別停留所一覧まで、すぐアクセス、お近くのバス停と、行先方面を選べば全ての市バス時刻表をその場で見ることができます。
（QRコードが年度中変更された場合はご容赦ください）

京都のりもの路線図（分割版）

巻頭の路線図は、市内観光系統の多くのバス路線とその経由停留所（及び鉄道路線・駅）を収録しています。本文の「のりもの案内」に紹介されていない物件に行きたい場合も、路線図と地図中の目的とする物件最寄のバス停留所を照らし合わせれば、そこまでの交通手段を探すことができます。　また、P6の京都全体図（索引図）で、本文エリアの位置関係の把握などにご利用ください。

※『京都のりもの路線図』収録の一部系統では、路線上に示された一部のバス停に停車せずに通過するものもあります（例：市バスの快速系統など）。

京都観光 Navi

* QRコードのご利用にあたっては、各携帯サイトの「ご利用上の注意」を必ずご確認ください。
* 通信料
　情報を閲覧する上で利用料は必要ありませんが、通信料が必要となりますので、あらかじめご了承ください。
* QRコードの読取りは携帯電話各社で完全に保証されてはおりません。読取り環境やその時の条件によって読取りが難しくなることがありますので、ご注意ください。
* QRコードは(株)デンソーウェーブの登録商標です

本書 P84 ～の「市バス系統図と時刻表 QRコード」を参照される場合も、上記についてご注意ください。

※バス停の乗り場（標柱）の位置は、周辺の行事や道路工事等の事情により、臨時で移動されることがあります。
※行・催・祭事等により、本書記載以外の位置にバスが停車したり、運行経路の一部が変わることがあります。
※本書で記されているバス停番号は、説明のために本書用に付けているものであり、実際のバス停には表記されておりません。また原則として、現地バス停に番号（英記号）（市交通局で一部がHPで公開）がある場合でも本書とは関係ありません。

地図記号一覧

🚏	バス停
継	のりかえ
近	近鉄電車
嵐	嵐電（京福電車）
JR	JR線
地	地下鉄
叡	叡山電車
京	京阪電車
阪	阪急電車
1	地下駅出口番号
○	ランドマーク
1	国道
72	府道
WC	トイレ・身障者用トイレ
○	ホテル・旅館
⊗	交番
〒	郵便局
⊕	病院
$	銀行
Ⓟ	駐車場
文	学校
血	博物館・美術館
図	図書館
⛩	御陵
⊥	墓
石	石碑・史跡
⛩	神社
卍	仏閣
∴	名勝
IN▶	入口
門	門
□	建物
□	地下駅
世界文化遺産	世界文化遺産
🏃	広域避難場所
━━━	JR線路
━━━	私鉄線路
─ ─ ─	地下路線
━━━	バス運行道路
╌╌╌	散策道
━━━	一般道
山地　境内　公園　河川	
30	隣接地図ページ

2025年3月22日から市バス運行改定・「新ダイヤ」を実施

○観光に必要と思われる系統の廃止や経路変更等

58号系統（京都駅前～梅小路公園・京都博物館前区間の廃止）
　＊京都駅から梅小路公園方面へは、206号・208号系統等が利用できます。
88号系統（～京都駅八条口～東福寺～京都駅前）が廃止
　＊208号系統等が利用できます。
93号系統（錦林車庫～西ノ京円町～嵐山）と85系統（京都駅前～太秦天神川駅前～嵐山）の嵐山エリアの運行は全て（平日・土休日）長辻通（北行）となりました。
EX100・EX101系統は、清水寺や銀閣寺の参拝後にも便利なよう、最終便時刻の繰り下げが行われました。

前年新設のEX１００・EX１０１は一般系統と異なる運賃（大人500円・小児250円）となりますが、「地下鉄・バス一日券」が利用できるため、本書ではこの系統も、「のりもの案内」で記載しております。

○停留所副名称の追加（2025年3月22日より）
嵐山と嵐山公園→それぞれ、嵐山（渡月橋北詰）・嵐山公園（渡月橋南詰）など

本書では、この主な改定にあわせて、のりもの案内（乗り場、アクセス、下車バス停など）を編集しています。

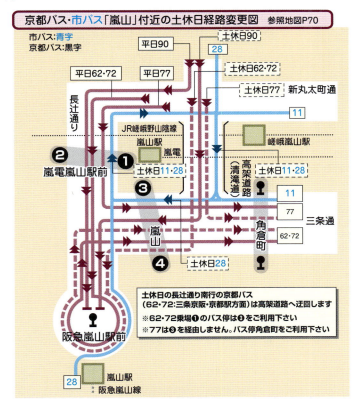

京都全体図（索引図）

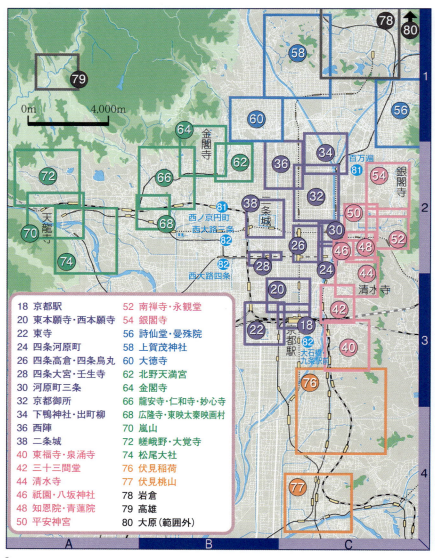

18 京都駅	52 南禅寺・永観堂
20 東本願寺・西本願寺	54 銀閣寺
22 東寺	56 詩仙堂・曼殊院
24 四条河原町	58 上賀茂神社
26 四条高倉・四条烏丸	60 大徳寺
28 四条大宮・壬生寺	62 北野天満宮
30 河原町三条	64 金閣寺
32 京都御所	66 龍安寺・仁和寺・妙心寺
34 下鴨神社・出町柳	68 広隆寺・東映太秦映画村
36 西陣	70 嵐山
38 二条城	72 嵯峨野・大覚寺
40 東福寺・泉涌寺	74 松尾大社
42 三十三間堂	76 伏見稲荷
44 清水寺	77 伏見桃山
46 祇園・八坂神社	78 岩倉
48 知恩院・青蓮院	79 高雄
50 平安神宮	80 大原（範囲外）

※休みは年末年始を除く 受付は閉館・閉門の30分前までに
※記載内容は2024年4月1日時点の情報です。時間は季節・天候によって若干変わる場合があります。
訪問の際には、年末年始を含め各施設へお確かめください。

京都駅 地図P18 斬新なデザインで、駅ビルそのものが観光名所として人気が高い。専門店街、デパート、ホテル、シアターなどを内包し、休日には各種イベントも盛んに開催される。

西本願寺 地図P20 下京区堀川通花屋町下ル
☎075・371・5181 時間5:30～17:30（季節により異なる） 所要40分

東本願寺 地図P20 下京区烏丸七条上ル
☎075・371・9181 時間5:50～17:30（季節により異なる） 境内自由 所要30分

東寺 地図P22 南区九条町
☎075・691・3325 時間8:00～17:00（季節により異なる） 料金金堂・講堂は一般800・高400・中小300円（春季・秋季公開の宝物館は別料金） 所要60分

京都水族館 地図P22 下京区観喜寺町（梅小路公園内）☎075・354・3130 時間季節により異なる 無休（臨時休業あり）
料金大人2400・高1800・中小1200・幼児（3歳以上）800円 所要120分

京都鉄道博物館 地図P22 下京区歓喜寺町（梅小路公園内）
☎0570・080・462 時間10:00～17:00 水曜休
料金一般1500・大高1300・中小学生500・幼児（3歳以上）200円 所要120分

錦市場　地図P26　錦小路はまさに「京都の台所」。鮮魚、青果、乾物などの店々がぎっしりと並び、料理人から家庭の「おばんざい」まで様々な食材が備えられている。

壬生寺　地図P28　中京区坊城通仏光寺上ル
☎075・841・3381　時間9:00〜17:00　境内自由(壬生塚と歴史資料室は9:00〜16:00、一般300・高中小100円)　所要30分

🌿 萩：9月中旬

下鴨神社　地図P34　左京区下鴨泉川町
☎075・781・0010　時間大炊殿は10:00〜16:00　境内自由(大炊殿は高校生以上1000円・中小以下無料)　所要30分

相国寺　地図P34　上京区今出川通烏丸東入ル相国寺門前町　☎075・231・0301　時間10:00〜16:30 (春期・秋期に公開、拝観除外日あり)　料金一般800・高中、65歳以上700・小400円(方丈・法堂・他)　所要25分

晴明神社　地図P36　上京区堀川通一条上ル
☎075・441・6460　時間9:00〜16:30　境内自由
所要15分

🌼梅:2月中旬　🌸桜:4月上旬

二条城　地図P38　中京区二条通堀川西入二条城町
☎075・841・0096　時間8:45〜17:00 (二の丸御殿は〜16:10、7・8・12・1月の火曜休(休日の場合は翌日)、季節により異なる　料金(二の丸御殿含む)一般1300・高中400・小300円、収蔵館別途100円　所要60分　※本丸御殿は要予約、有料

8

🍁紅葉:11〜12月

泉涌寺　地図P40　東山区泉涌寺山内町
☎075・561・1551　時間9:00〜17:00（12〜2月は〜16:30）（伽藍）料金高校生以上500・中学生以下300円　所要30分

東福寺　地図P40　東山区本町
☎075・561・0087　時間9:00〜16:30（11〜12月第一日曜は8:30〜、12月第一日曜〜3月は〜16:00）　料金高校生以上600・中小300円（通天橋・開山堂（秋季は異なる））、本坊庭園は高校生以上500・中小300円　所要40分

三十三間堂　地図P42　東山区七条通東大路西入ル
☎075・525・0033　時間8:30〜17:00（11/16〜3/31は9:00〜16:00）　料金一般600・高中400・小300円　所要30分

京都国立博物館　地図P42　東山区茶屋町
☎075・525・2473　時間9:30〜17:00（夜間開館は要問合せ）　料金　特別展（年2〜4回）により異なる。

つつじ・さつき:5月中旬

智積院　地図P42　東山区東大路通七条下ル東瓦町
☎075・541・5361　時間9:00〜16:00
料金一般500・高中300・小200円（名勝庭園など）
　　一般500・高中300・小200円（宝物館）　所要30分

桜:4月上旬　🍁紅葉:11〜12月

清水寺　地図P44　東山区清水一丁目
☎075・551・1234　時間6:00〜18:00（季節により異なる）　料金高校生以上400・中小200円
所要40分

🌸桜:4月上旬　🍁紅葉:11〜12月
高台寺　地図P44　東山区下河原町通八坂鳥居前下ル下河原町　☎075・561・9966　時間9:00〜17:30　料金一般600・高中250円・小無料(大人同伴要)　所要30分

六波羅蜜寺　地図P44　東山区松原通大和大路東入ル　☎075・561・6980　時間8:00〜17:00(宝物館は8:30〜16:45)　料金一般600・大高中500・小400円(宝物館)　所要30分

八坂神社　地図P48　東山区祇園町北側　☎075・561・6155　境内自由　所要30分

🌸桜:4月上旬
円山公園　地図P48　明治19年に開設された市内で最も古い公園。桜の季節(付近に約1000本)には花見客で賑わい、特に「祇園枝垂桜」は有名。園内には坂本龍馬・中岡慎太郎の像が立つ。　所要30分

知恩院　地図P48　東山区新橋通大和大路東入ル　☎075・531・2111　時間友禅苑9:00〜16:00(方丈庭園は〜15:50)　料金(友禅苑・方丈庭園共通券)高校生以上500・中小250円　所要30分

青蓮院　地図P48　東山区粟田口三条坊町　☎075・561・2345　時間9:00〜17:00　拝観一般600・高中400・小200円　所要30分

🌸桜:4月上旬　🌿杜若:5月上旬　🌱睡蓮:5〜9月
🌿花菖蒲:6月上旬　🌾萩:9月中旬

平安神宮　地図P50　左京区岡崎西天王町
☎075・761・0221　時間8:30〜17:30（春秋は〜17:00、冬は〜16:30）　料金高校生以上600・中小300円（神苑）　所要30分

みやこめっせ（京都市勧業館）
地図P50　左京区岡崎成勝寺町
☎075・762・2630　時間9:00〜17:00（催し物により異なる）　入館自由　地下の京都伝統産業ミュージアムでは、京の歴史と技を伝える伝統的工業品74品目を展示

🌸桜:4月上旬　🌾萩:9月中旬　🍁紅葉:11〜12月

南禅寺　地図P52　左京区南禅寺福地町
☎075・771・0365　時間8:40〜17:00（12〜2月は〜16:30）　料金（方丈庭園）一般600・高500・中小400円（三門拝観は同額別途）　所要30分

🍁紅葉:11〜12月

永観堂　地図P52　左京区永観堂町
☎075・761・0007　時間10:00〜17:00（秋の寺宝展期間中は異なる）　料金大人600・高中小400円（寺宝展期間は異なる）　所要40分

銀閣寺　地図P54　左京区銀閣寺町
☎075・771・5725　時間8:30〜17:00（12月〜2月は9:00〜16:30）　料金高校生以上500・中小300円　所要30分（特別拝観中は時間・料金が異なる）

🌸桜:4月上旬

哲学の道　地図P54　哲学者、西田幾多郎がこの道を散歩しながら、思索したところから生まれた名前。熊野若王子神社から疎水に架かる銀閣寺橋までの散策道。

🍁紅葉:11〜12月

詩仙堂　地図P56　左京区一乗寺門口町27
☎075-781-2954　時間9:00〜17:00
料金一般700・高500・中小300円　所要30分

🍁紅葉:11〜12月

曼殊院　地図P56　左京区一乗寺竹ノ内町42
☎075-781-5010　時間9:00〜17:00　料金一般800・高500・中小400円　所要30分

🍁紅葉:11〜12月

圓光寺　地図P56　京都市左京区一乗寺小谷町13
☎075-781-8025　時間9:00〜17:00
料金一般800・高中小500円　所要30分

萩:9月中旬

上賀茂神社　地図P58　北区上賀茂本山
☎075-781-0011　時間10:00〜16:00　参拝自由
(国宝特別参拝は500円)　所要30分

社家の家並み　地図P58　上賀茂神社の境内を出た所にある明神川の畔には、土塀を連ねた社家が立ち並ぶ。社家とは神官の家のことで家ごとに橋を架け邸内に水を引き入れ、曲水や池を作っている。

杜若:5月中旬

大田ノ沢カキツバタ(大田神社境内)　地図P58
北区上賀茂本山　☎075-781-0011(上賀茂神社)
時間9:30〜16:30　カキツバタ育成協力金300円
所要60分

🍁紅葉:11~12月

`大徳寺` 地図P60　北区紫野大徳寺町
☎075・491・0019　境内自由、本坊公開は要問い合せ（例年11月に特別公開）　所要40分

`大仙院(大徳寺塔頭)` 地図P60　北区紫野大徳寺町
☎075・491・8346　時間9:00～17:00（12～2月は～16:30）　法要・行事時休　料金高校生以上500・中小300円　所要20分

`高桐院(大徳寺塔頭)` 地図P60　北区紫野大徳寺町
☎075・492・0068　時間9:00～15:30　不定休
料金高校生以上500・中300円・小学生無料　所要20分　＊拝観休止中、再開未定

`瑞峯院(大徳寺塔頭)` 地図P60　北区紫野大徳寺町
☎075・491・1454　時間9:00～17:00　料金高校生以上400・中小300円　所要30分

`龍源院(大徳寺塔頭)` 地図P60　北区紫野大徳寺町
☎075・491・7635　時間9:00～16:20　不定休
料金一般350・高250・中小200円　所要20分

`今宮神社` 地図P60　北区紫野今宮町
☎075・491・0082　時間(社務所)9:00～17:00
参拝自由　所要15分

🌸梅:2月下旬　🍁紅葉:11〜12月

北野天満宮　地図P62　上京区馬喰町
☎075・461・0005　時間9:00〜17:00（宝物殿は9:00〜16:00）宝物殿は毎月25日、観梅・青もみじ・紅葉期開館
料金一般1000・高中500・小と修旅生250円（宝物殿）　所要30分

千本釈迦堂　地図P62　上京区七本松通今出川上ル
☎075・461・5973　時間9:00〜17:00　料金（霊宝殿）一般600・大高500・中小400円　所要60分

🍁紅葉:11〜12月

金閣寺　地図P64　北区金閣寺町
☎075・461・0013　時間9:00〜17:00
料金高校生以上500・中小300円　所要35分

🌺椿:2月中旬　🌸芙蓉:9月中旬

等持院　地図P64　北区等持院北町
☎075・461・5786　時間9:00〜16:30
料金高校生以上600・中小300円　所要30分

🌸桜:4月上旬　🌼睡蓮:5月下旬〜
🌸藤:4月下旬　🌿萩:9月下旬〜10月下旬

龍安寺　地図P66　右京区竜安寺御陵下町
☎075・463・2216　時間8:00〜17:00（12〜2月は8:30〜16:30）料金大人600・高500・中小300円
所要40分

🌸桜:4月中旬

仁和寺　地図P66　右京区御室大内
☎075・461・1155　時間9:00〜17:00（12〜2月は〜16：30）（霊宝館は、4/1〜5月第4日曜、10/1〜11/23）（御所庭園）料金一般800円・高校生以下無料（霊宝館は別途一般500円・高以下無料）　所要40分

妙心寺 地図P66 右京区花園妙心寺町
☎075・461・5381 時間9:00～16:00 (12:00～13:00はチケット販売休止 (法堂のみ) 料金高校生以上500・中小200円 所要30分

広隆寺 地図P68 右京区太秦蜂岡町
☎075・861・1461 時間9:00～17:00 (12～2月は～16:30) (新霊宝殿) 料金一般1000・高500・中小400円 所要30分

東映太秦映画村 地図P68 右京区太秦東蜂岡町
☎075・846・7716 時間10:00～17:00
料金一般2400・高中1400・小(3歳以上)1200円 所要180分

🌸桜:4月上旬　🌺芙蓉:9月上旬　🍁紅葉:11～12月

天龍寺 地図P70 右京区嵯峨天龍寺芒ノ馬場町
☎075・881・1235 時間8:30～17:00 (3/21～10/20は～17:30) (庭園)料金高校生以上500・中小300円(諸堂拝観は追加300円) 所要15分

野宮神社 地図P70 右京区嵯峨野々宮町
☎075・871・1972 時間9:00～17:00 境内自由
所要20分

🍁紅葉:11～12月

常寂光寺 地図P70 右京区嵯峨小倉山小倉町
☎075・861・0435 時間9:00～17:00
料金中学生以上500・小200円 所要20分

洛中　洛東　洛北　洛西　洛南

15

祇王寺　地図P72　右京区嵯峨鳥居本小坂町
☎075・861・3574　時間9:00～16:30（受付）
料金大学生以上300・高校生以下100円　所要20分

化野念仏寺　地図P72　右京区嵯峨鳥居本化野町
☎075・861・2221　時間9:00～16:30　積雪等天候により休みあり　料金一般500・高中400円・小無料(保護者同伴に限る)　所要20分

清凉寺　地図P72　右京区嵯峨釈迦堂藤ノ木町
☎075・861・0343　時間9:00～16:00（4・5・10・11月は～17:00、霊宝館は同期間のみ）　料金一般500・高中400・小300円(本堂のみ)（霊宝館・庭園は別料金）
所要30分

大覚寺　地図P72　右京区嵯峨大沢町
☎075・871・0071　時間9:00～17:00　料金一般500・高校生以下300円、大沢池は別途で一般300・高校生以下100円　所要40分

🌿萩：9月上旬　🍁紅葉：11～12月
二尊院　地図P72　右京区嵯峨二尊院門前長神町
☎075・861・0687　時間9:00～16:30
料金中学生以上500円・小無料　所要20分

🌼山吹：4月中旬～
松尾大社　地図P74　西京区嵐山宮町
☎075・871・5016　時間9:00～16:00、日祝は～16:30（庭園・神像館共通）　料金一般500・大高中400・小300円　所要40分

🔴 伏見稲荷大社　　地図P76　伏見区深草薮ノ内町
☎075・641・7331　時間8:30〜16:30　境内自由
お山巡り所要120分、境内10分

🔴 藤森神社　　地図P76　伏見区深草鳥居崎町
☎075・641・1045　時間9:00〜17:00
料金志納、6月時のアジサイ園は有料　所要30分

🔴 御香宮　　地図P77　伏見区御香宮門前町
☎075・611・0559　時間9:00〜15:30（石庭のみ）
不定休　料金一般200・高中150円（石庭）　所要20分

🔴 寺田屋　　地図P77　伏見区南浜町
☎075・622・0243　時間10:00〜15:40　月曜不定休　料金一般600・大高中300・小200円　所要20分

🔴 竜馬通り商店街　　地図P77　坂本龍馬の常宿「寺田屋」に程近い商店街。石畳の道の両側には、京町家風のお店が立ち並び、レトロな雰囲気を醸し出している。龍馬にちなみ、工夫をこらしたオリジナルグッズの販売や、イベントが行われている。

🔴 月桂冠大倉記念館　　地図P77　伏見区南浜町
☎075・623・2056　時間9:30〜16:30　お盆休
料金一般20才以上600・13〜19才100円・12才以下無料　所要50分

京都駅
きょうとえき

Ⓐ1〜Ⓐ3・Ⓑ1〜Ⓑ3・
Ⓒ1〜Ⓒ6・Ⓓ1〜Ⓓ3 京都駅前

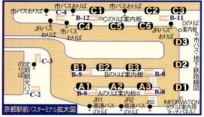

あんじょうお行きやす

京都駅ビルは、1997年（平成9）完成の4代目駅舎。地上45mの**空中径路**や、**大階段・大空広場**は見物。

京都タワーはまさに京都のシンボル。地上100mからの展望は駅ビルに劣らない。（展望室有料）

目的地	参照頁	乗り場	待ち時分	アクセスと下車バス停 ※太字は1時間に4便以上（昼間）	乗車時分
西本願寺 東本願寺	20	Ⓑ1Ⓒ6	5・15	9(Ⓑ1)・28(Ⓒ6)で西本願寺前❷	6・6
				烏丸通を北へ徒歩9分	
京都水族館・京都鉄道博物館	22	Ⓑ3	15、15	86で、七条大宮・水族館前バス停、梅小路公園・京都鉄道博物館前バス停　平日は**206・208**利用で、梅小路公園・JR梅小路京都西駅前バス停も	7〜・10〜
東寺	22	Ⓒ4	30	42で東寺東門前❷	8
		Ⓒ4	15	16で八条大宮バス停・東寺西門前バス停	11・14
四条河原町 新京極	24	Ⓐ1	5、15	**5**、105(土休日運行)で四条河原町⓬	18、18
		Ⓐ2	3〜	**4・特4・7・205**で四条河原町⓾(7は⓫)	14〜

5系統は四条通・五条通経由に分かれ四条河原町で合流。バスの土休日路線変更の嵐山は、P5・P72を参照。＊(土休日運行)は、(土休日)とも表記。京都駅から嵐山へはJR嵯峨野線がオススメ。

目的地	参照頁	乗り場	待ち時分	アクセスと下車バス停　※太字は1時間に4便以上(昼間)	乗車時分
四条高倉	26	A1	10	5(四条通経由)で四条烏丸⑪・四条高倉㉑	11・15
四条烏丸		D3	10、10	26、C6から京都バス73・76・77等で四条烏丸❼	13
		地京都駅	4	地下鉄烏丸線〔上り〕で四条駅・烏丸御池駅	4・6
四条大宮	28	D3	10	26で四条大宮❹・壬生寺道⓲	19・20
壬生寺		C6	15、10	28、京都バス73・76・77等で四条大宮❹・壬生寺道⓲	15・16
		A3	7	206・6で四条大宮	16・15
河原町三条	30	A1	5、15	5、105(土休日運行)で河原町三条❻	20、20
		A2	4〜	4・特4・7・205で河原町三条❼(7は❽)	16〜17
京都御所	32	A2	4〜	4・特4・7・205で府立医大病院前⑫	23〜24
		地京都駅	4	地下鉄烏丸線〔上り〕で丸太町駅・今出川駅	8・10
下鴨神社	34	A2	10・5	4・特4・205で下鴨神社前❹	30〜31
		A2	6	7で出町柳駅前バス停	28
西陣	36	B1	5	9で堀川今出川❼・堀川寺ノ内バス停	25・27
二条城	38	B1 B2	5・8	9(B1)・50(B2)で二条城前❻	16・17
		地京都駅	4・4	地下鉄烏丸線(烏丸御池駅継)二条城前駅	6+2
東福寺・泉涌寺	40	D2	10、15	208で泉涌寺道❷・東福寺❹	13・15
三十三間堂	42	D2	7・10〜	206・208・86・106・京都バス臨で博物館三十三間堂前❶、東山七条❺(208は❸)	9・10
清水寺・祇園	44・46	D2	7・15〜	206・86・106・京都バス臨で五条坂❼・清水道❽・祇園❹	15・17・21
		D1	7・7	EX100・EX101(土休日運行)で五条坂❼(EX101は五条坂❻のみ)、祇園❹	10・10、13
高台寺・霊山歴史館	44	D2	7・15〜	206・86・106・京都バス臨で東山安井バス停	19
知恩院	48	D2	7・15〜	206・86・106・京都バス臨で知恩院前バス停、東山三条❹(106は❼)	23・25
青蓮院		地京都駅	4・4	地下鉄烏丸線〔上り〕で烏丸御池駅継東山駅	6+5
平安神宮	50	A1	5・15	5、105(土休日)で岡崎公園 美術館・平安神宮前❷	32・32
		D2	15	86で岡崎公園 美術館・平安神宮❶	33
		D1	8	EX100(土休日)で岡崎公園 美術館・平安神宮前❶	18
南禅寺・永観堂	52	A1	5	5で南禅寺・永観堂道❶	36
		地京都駅	4・4	地下鉄烏丸線(烏丸御池駅継)蹴上駅	6+7
銀閣寺	54	A1 A2	5、10、6	5(A1)・7(A2)、105(土休日)(A1)で銀閣寺道❸(7は❺)、105は銀閣寺前❶	43、44・36
		D1	7	EX100(土休日運行)で銀閣寺前❶	24
詩仙堂・曼殊院	56	A1	5	一乗寺下り松町❹・一乗寺清水町❷	49・51
大原	80	C3	10・30	京都バス17・特17	65・75
		地京都駅	4+15	地下鉄烏丸線〔上り〕で国際会館駅(P78)継京都バス19・特17	20+22
上賀茂神社	58	B1	9	9で上賀茂御薗橋❺	38
		A2	10	4・特4(左京区総合庁舎経由)で上賀茂神社前❶	51・55
大徳寺		A3	20	206で大徳寺❶	40
		B1	5	9で北大路堀川バス停	30
北野天満宮	62	B2	8	50で北野天満宮前❷・北野白梅町❽	33・36
金閣寺	64	B3	4	205で金閣寺道❸	43
妙心寺・仁和寺	66	D3	10	26で妙心寺北門前❼・御室仁和寺❹	42・46
龍安寺		B2	8	50で立命館大学前(龍安寺へ徒歩11分)	42
高雄	79	JR3	30	JRバス(立命館大経由)で龍安寺前❷・御室仁和寺❸・高雄❸・栂ノ尾❸	31・33・49・51
広隆寺	68	地京都駅	4+10	地下鉄四条駅継四条烏丸❼から11で太秦広隆寺前❻	4+27
映画村・嵐山	68・70	C6	10	京都バス73・76・77等で太秦広隆寺前❻・嵐山❶	35・45
天龍寺	70	C6	15	28で嵐山天龍寺前❶	44
嵯峨野・大覚寺	72	C6	15	28で嵯峨小学校前❼・嵯峨釈迦堂前❻・大覚寺❶	48・50・53
松尾大社	74	C6	15	28で松尾大社❹	37
伏見稲荷	76	C4	30	南5で稲荷大社前❶	16
伏見界隈	77	C4	10	81・特81・19・南5で京橋	33・39・41

よみかた　烏丸 塩小路 東洞院 油小路 木津屋橋 東寺 泉涌寺 高台寺 霊山 青蓮院

東本願寺・西本願寺
ひがしほんがんじ　にしほんがんじ

❶❷西本願寺前　❾〜⓭烏丸七条
❸〜❻、⓱⓲　　⓮⓯島原口
　七条堀川　　　⓰西洞院正面
❼❽七条西洞院

あんじょうお行きやす、おひがしさん、おにしさん

1602年（慶長7）創建の「真宗大谷派」の総本山**東本願寺**。親鸞聖人の木像を安置した御影堂は、世界最大級の木造建築。阿弥陀堂への渡り廊下には、再建の際、材木を引くために全国の女性門徒の毛髪でよりあげた「**毛綱**」が展示されている。（参拝自由）

東本願寺の飛地境内である**渉成園（枳殻邸）**は源融の六条河原院苑池の遺蹟という。石川丈山作庭の庭園には桜、楓、藤などが咲き誇る。（500円（参観者協力寄付金））

西本願寺は「浄土真宗本願寺派」の本山で、1272年（文永9）、宗祖・親鸞聖人の末娘、覚信尼の廟堂に始まる。1591年（天正19）、豊臣秀吉の寺地寄進で現在地に移った。

伏見城の遺構で、見事な彫刻の**唐門**をはじめ、華麗な桃山文化を代表する建築物が立ち並ぶ。2021年9月に国宝の**唐門**は修復工事を終え、輝きと彩りの美しい様子が楽しめる。

20

北行5系統は四条通・五条通経由に分かれ四条河原町で合流。特記のない場合は両系統乗車可能。

目的地	参照頁	乗り場	待ち時分	アクセスと下車バス停 ※太字は1時間に4便以上(昼間)	乗車時分
京都駅	18	❶❸❹❾⓫		バス全系統(市バス・京都バス)で京都駅前降り場	4～7
東寺	22	⓮	3～	東本願寺からは京都駅まで戻る **207・71・18・特18**で東寺東門前❷	4
四条河原町 四条高倉 四条烏丸	24・26	⓯	5	**207**で四条烏丸❾・四条高倉㉒・四条河原町❾	12・15・18
		⓭	10	5(四条通経由)で四条高倉㉒・四条河原町⓬	11～14～
		⓭	10、15	5(五条通経由)、105(土休日)で四条河原町❾	18、18
		⓭	10・10	26、京都バス73・75・76等で四条烏丸❼	9
四条大宮 壬生寺	28	❷❻	15	**28**で四条大宮❹・壬生寺道⓲	7～11
		⓭	10・10	26、京都バス73・75・76等で四条大宮❷・壬生寺道⓲	15・16
河原町三条 三条京阪	30	⓭	5、15	**5**、105(土休日運行)、京都バス17・特17で河原町三条❻・三条京阪前バス停	20～、20～ 16～
下鴨神社	34			西本願寺からは京都駅まで戻る	
京都御所	32	🚇五条駅	4	地下鉄烏丸線[上り]で丸太町駅・今出川駅	5・8
西陣	36	❷❻	5	**9**で堀川今出川❼・堀川寺ノ内バス停	19～22
二条城	38	❷❻	5	**9**で二条城前❻	10・11
		⓰	8	**50**で二条城前❻	12
東福寺 泉涌寺	40	❿	10	208で泉涌寺道❷・東福寺❹	9・11
		⓮	5	**207**で東福寺❸・泉涌寺道❶	20・21
三十三間堂	42	❿	15・7・10	**106・206**・208、京都バス臨で博物館三十三間堂前❶・東山七条❺	5・7
清水寺・祇園	44・46	❿	15・7	**106・206**、京都バス臨で五条坂❼・清水道❽・祇園❺	11・12・17
知恩院 青蓮院	48	❿	15・7	**106・206**、京都バス臨で知恩院前バス停・東山三条❹(106は❼)	19・21
		⓭	5	**5**で東山三条❶	25
平安神宮	50	⓭	5、15	**5**、105(土休日運行)で岡崎公園 美術館・平安神宮前❷	28、28
南禅寺・永観堂	52	⓭	5	**5**で南禅寺・永観堂道❷	32
銀閣寺	54	⓭	5、15	**5**、105(土休日)で銀閣寺道❸(105は銀閣寺前❶)	39、40
詩仙堂・曼殊院	56	⓭	5	**5**で一乗寺下り松町❹・一乗寺清水町❷	45・47
上賀茂神社	58	❷❻	5	**9**で上賀茂御薗橋❺	32・33
大徳寺 北野天満宮 金閣寺 龍安寺 仁和寺 妙心寺	60 62 64 66	❺	7	206で大徳寺前❶	36
		⓰	8	**50**で北野天満宮前❷・立命館大学前❽(龍安寺)	27・35
		⓭	10	26で北野白梅町❼・妙心寺北門前❷・御室仁和寺❹	33・37・41
		❼⓬	4	**205**で北野白梅町❽・金閣寺道❸・大徳寺前❶	30～・35～・43～
		🚇京都駅	4+4～	地下鉄烏丸線[上り]で北大路駅🚍**206・205**等で大徳寺前❷・金閣寺道❸	20+5・11
広隆寺 ・映画村・嵐山	68	⓭	10～	京都バス73・76・77で太秦広隆寺前❻・嵐山❹	31・41
		❷	30、30	75、85で太秦映画村道❷、嵐山❸(85は❹)	28、51
嵐山 嵯峨野・大覚寺	70・72	❷❻	15	**28**で嵐山天龍寺前❷・嵯峨小学校前❼・嵯峨釈迦堂前❻・大覚寺❶	38～47
松尾大社	74	❷❻	15	**28**で松尾大社前❹	31・32
洛南方面	76-77			京都駅まで戻る	

よみかた 島原口(しまばらぐち) 花屋町(はなやちょう) 楊梅(ようばい) 不明門(あけず) 間之町(あいのまち) 枳殻邸(きこくてい) 御影堂(ごえいどう) 興正寺(こうしょうじ) 文子天満宮(あやこてんまんぐう)

東寺
とうじ

❶八条大宮
❷❸❽東寺東門前
❹〜❼九条大宮

あんじょうお行きやす、弘法さん

　東寺は平安京造営に際し、羅城門の東に創建された。徳川家光が再建した日本一高い五重塔（57m）はまさに京のシンボル。
　毎月21日、朝5時頃から16時頃（日没）までの東寺縁日は、「**弘法さん**」と呼ばれ親しまれている。立ち並ぶ露店に並べられた珍しい品々や、店の人と買物客とのやりとりは活気があって見ているだけでも楽しい。

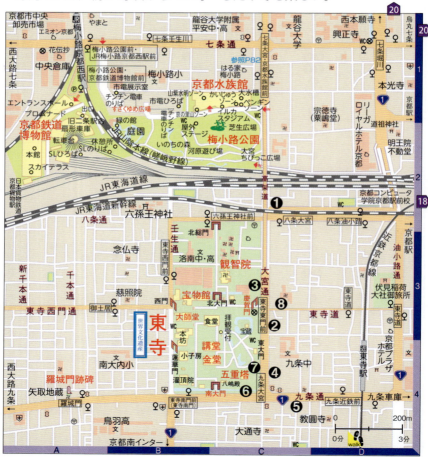

＊京都駅で乗り換えると、バスや地下鉄烏丸線など、より選ぶことが出来ます。

目的地	参照頁	乗り場	待ち時分	アクセスと下車バス停 ※太字は1時間に4便以上（昼間）	乗車時分
京都駅	18	❶	15	**16**で京都駅前市バス降り場	7
京都駅	18	❻❽	30	**42**で同上降り場	9～・8～
東本願寺	20	❻	10	**208**で烏丸七条⓫	20
西本願寺		❸❼	3～	**207**・**71**・**18**・特**18**で島原口⓯	5・6
四条河原町	24	❸❼	5	**207**で四条河原町❾	22・23
四条烏丸	26	❸❼	5	**207**で四条烏丸❾・四条高倉㉑	17～
四条大宮	28	❸❼	15～	**18**・特**18**で四条大宮❼	11・12
四条大宮 壬生寺	28	❸❼	10	**71**で四条大宮❹・壬生寺道⓲	11～13
壬生寺		❸❼	5	**207**で四条大宮❶	11・12
河原町三条	30			四条河原町(P24)から徒歩7分	
京都御所	32	❺❻	6	**202**で烏丸丸太町❼・❽	39・41
下鴨神社	34	❼❽	30+4～	京都駅(P18)▶**4**・特**4**・**205**等で下鴨神社前❷	9+28～
西陣	36	❸❼	5+5～	**207**で四条堀川(P18)▶**9**・**12**で堀川今出川❼・堀川寺ノ内バス停	13～+15～
二条城	38	❸❼	5+5～	**207**で四条堀川▶**9**・**50**・**12**で二条城前❻	13～+5～
東福寺	40	❷❹	5	**207**で東福寺❸・泉涌寺道❶	14～17
泉涌寺		❻	6・10	**202**・**208**で東福寺❸・泉涌寺道❶	12～・13～
三十三間堂	42	❷❹	5	**207**で東山七条❺	20・18
三十三間堂	42	❻	6	**202**で東山七条❺	16
三十三間堂	42	❻	10	**208**で東山七条❹・博物館三十三間堂前❷	18・19
清水寺	44	❷❹	5	**207**で五条坂❼・清水道❽	22～26
清水寺	44	❻	6	**202**で五条坂❼・清水道❽	20・22
高台寺	44・46	❷❹	5	**207**で東山安井バス停・祇園❷	24～27
祇園		❻	6	**202**で東山安井バス停・祇園❺	24・26
知恩院・青蓮院	48	❻	6	**202**で知恩院前❻・東山三条❹	28・30
平安神宮	50	❻	6	**202**で東山二条・岡崎公園口⓮	32
南禅寺 永観堂	52	❸❼	5+5	**207**で四条河原町(P24)▶**5**で南禅寺・永観堂道❷	23～+23
南禅寺 永観堂	52	❻	6+5	**202**で東山三条(P48)▶東山駅から地下鉄東西線で蹴上駅	30+2
銀閣寺	54			京都駅前(P18)乗換	
銀閣寺	54	❸❼	5+10	**207**で大宮五条(P28)▶**32**(北行)で銀閣寺前❶	6～+37
上賀茂神社	58	❸❼	5+5	**207**で四条堀川(P28)▶**9**で上賀茂御薗橋❺	12～+27
大徳寺	60	❸❼	5～+7	**207**・**71**・**18**・特**18**で七条大宮・京都水族館前(P82)▶**206**(右回り)で大徳寺前❶	2～+33
北野天満宮	62	❸❼	10～+6～	四条大宮(P28)▶**203**で北野天満宮前❶・**55**で北野天満宮前❷	11～+20～
金閣寺	64	❸❼	5～+4	**207**・**71**・**18**・特**18**で七条大宮・京都水族館前(P82)▶**205**(右回り)で金閣寺道❸	2～+32
龍安寺 仁和寺 高雄	66・79	❸❼	10～+15	四条大宮▶**55**で立命館大学前❽(徒歩11分)	11～+25
龍安寺 仁和寺 高雄	66・79	❸❼	10～+10	四条大宮(P28)▶**26**で御室仁和寺❹	11～+28
龍安寺 仁和寺 高雄	66・79	❸❼	10～+10	四条大宮▶JRバス(立命大経由)で龍安寺前❷・御室仁和寺❹・高雄❸・栂ノ尾❻	11～+19・21・37・39
妙心寺	66	❸❼	10～+10	四条大宮▶**91**で 妙心寺前❾	11～+19
広隆寺・映画村	68	❸❼	10～+10	四条大宮▶**11**・京都バス**73**等で太秦広隆寺前❻	11～+18
天龍寺	70	❸❼	10～+10～	四条大宮▶**11**・**28**で嵐山天龍寺前❶	11～+32～
大覚寺	72	❸❼	10～+10～	四条大宮(P28)▶**91**・**28**で大覚寺❶	11～+40～
松尾大社	74	❸❼	10	**71**で松尾橋❻(松尾大社へ徒歩8分)	32
伏見稲荷	76	❼❽	15～+20	京都駅前(P18)▶南**5**等で稲荷大社前❶	9～+16
伏見桃山	77	❺	30	**19**で京橋❸	22

よみかた：西大路（にしおおじ） 七条大宮（ななじょうおおみや） 六孫王（ろくそんのう） 観智院（かんちいん） 食堂（じきどう） 金堂（こんどう） 羅城門（らじょうもん） 御土居（おどい） 梅小路（うめこうじ）

四条河原町
しじょうかわらまち

❶〜⓭四条河原町

あんじょうお行きやす 「錦天満宮」(錦の水) 「誓願寺」(芸能上達祈願)

5系統は四条通・五条通経由に分かれ四条河原町で合流。特記のない場合は両系統乗車可能。

目的地	参照頁	乗り場	待ち時分	アクセスと下車バス停 ※太字は1時間に4便以上(昼間)	乗車時分
京都駅	18	❸	4～	**4・特4・7・205**で京都駅前市バス降り場	11～13
		❶❸	10・10	**5**で同上降り場(❶四条通経由、❸五条通経由)	15～
東本願寺	20	❶❸	10・10	**5**で烏丸七条❾ (同上)	11～
西本願寺	20	❻	5	**207**で島原口⓮	18
東寺 京都鉄道博物館	22	❻	5	**207**で七条大宮・京都水族館前、東寺東門前❷	19、22
		❻	15		19、22
四条烏丸	26	❻	2～	市バス全系統で四条高倉㉒・四条烏丸各バス停	4・7
四条大宮	28	❻	2～	**32・46・201・207**等で四条大宮バス停	12
壬生寺		❻	2～	**11・203・3**で四条大宮❷(3は❹)・壬生寺道⓲	12・13
河原町三条	30	❿～⓬	2～	市バス全系統で河原町三条❺～⓰	2～3
京都御所	32	❿⓫	3～	**205・4・特4、3・7**(⓫から)で府立医大病院前⓬	9
下鴨神社	34	❿	4・10	**4・特4・205**で下鴨神社前❷	16
西陣	36	❻	3～	**12・201・59・51**(59・51は❶から)で堀川今出川各バス停	24～30
二条城	38	❻	8	**12**で二条城前❻	15
東福寺・泉涌寺	40	❾	5、15	**207**、58(土休日運行)で泉涌寺道❷・東福寺❹	18～・20～
三十三間堂	42	❾	5、15	**207**、58(土休日運行)で東山七条❸	15～
清水寺・高台寺	44	❾	5、15	**207**、58(土休日運行)で東山安井バス停・清水道❶・五条坂❹	7・9・11
祇園・八坂神社	46	❾	2～	**31・46・201・203・207**、58(土休日運行)で祇園各バス停	5
知恩院	48	❾	3～	**31・46・201・203**で知恩院前❻・東山三条❹	7・9
青蓮院		⓬	5、15	**5**、105(土休日運行)で東山三条❶	10～
平安神宮	50	❾	8	**46**で岡崎公園 ロームシアター京都・みやこめっせ前❹、岡崎公園 美術館・平安神宮前❷	13、16
		⓬	5・10、15	**5・32**、105(土休日運行)で岡崎公園 美術館・平安神宮前❷(32は岡崎公園 ロームシアター京都・みやこめっせ前❹)	13・10
南禅寺・永観堂	52	⓬	5	**5**で南禅寺・永観堂道❶	17
銀閣寺	54	⓬	10、15	**32**、105(土休日運行)で銀閣寺前❶、**5**で銀閣寺道❸	24、27、28
		❾	6	**203**で銀閣寺道❶	27
		⓫	10	**7**で銀閣寺道❺	21
詩仙堂・曼殊院	56	⓬	5	**5**で一乗寺下り松町❹・一乗寺清水町❷	31・33
大原	80	❿	15・30	京都バス17・特17で大原❶	48・58
上賀茂神社	58	❿	10	**4・特4**(左京区総合庁舎経由)で上賀茂神社前❶	38・42
		❻	8	**46**で上賀茂神社前❶	47
大徳寺	60	❻	8	**12**で大徳寺前❶	30
		❿	4	**205**で大徳寺前❷	31
北野天満宮	62	❻	6	**203**で北野天満宮前❶	32
金閣寺	64	❶	7	**59**で金閣寺道	43
		❻	8	**12**で金閣寺道❶	36
		❿	4	**205**で金閣寺道❷	37
龍安寺	66	❶	10	**10**で妙心寺北門前❼・御室仁和寺❹	42・46
仁和寺		❶	7	**59**で龍安寺前❷・御室仁和寺❹	49・53
映画村	68	❻	6	**11**で太秦広隆寺前❻	33
天龍寺	70	❻	11	**11**で嵐山天龍寺前❷	44
嵯峨野	72	❻	10	**11**で嵯峨小学校前❼	48
松尾大社	74	❻	10	**3**で松尾橋❻(松尾大社へ徒歩8分)	39
伏見稲荷	76		4～+30	京都駅前(p18)幽南5で稲荷大社前❶	11～+16
伏見桃山	77		4～+15～	京都駅前幽81・特81等で京橋❸	11～+33～

よみかた　先斗町　木屋町　蛸薬師　錦小路　花遊小路　仏光寺　川端　六角　染殿院

四条高倉・四条烏丸

❹〜⓬四条烏丸（地下鉄四条駅）
⓭烏丸御池
㉑㉒四条高倉（バス停が整備されおススメ）

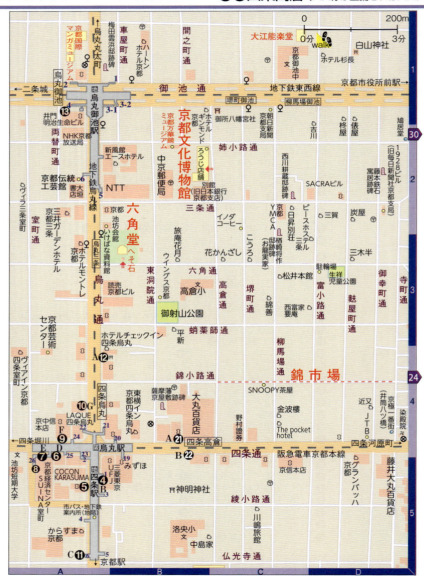

26 あんじょうお行きやす 「六角堂」（へそ石といけばな資料館）「錦市場」

目的地	参頁	乗り場	待ち時分	アクセスと下車バス停 ※太字は1時間に4便以上(昼間)	乗車時分
京都駅	18	❹	2~	市バス全系統で京都駅前バス降り場	8~13
		地四条駅	4	地下鉄烏丸線[下り](烏丸御池駅からも)で京都駅	4・(6)
東本願寺	20	❹	10·10	5・26、京都バス全系統で烏丸七条❾	7、5
西本願寺	20	❻㉒	5·15	207で島原口⓮	12~15~
京都水族館 東寺	22	❻㉒	5·15	207で七条大宮・京都水族館前バス停、東寺東門前❷	14~16~
四条河原町 新京極	24	⓫㉑	10	5、58(土休日運行)で四条河原町⓬(58は❾)	3~8
		❾㉑	2	市・京都バス全系統で四条河原町(❾・⓫・⓬など)	3~8
四条大宮 壬生寺	28	❻㉒	5~	32・46・201・207等で四条大宮各バス停	6~9
		❼	5~	3・13・特13・臨13・29で四条大宮❹・壬生寺道⓲	6·7
		❼	5~	11・26・91・203で四条大宮❷・壬生寺道⓲	6·7
河原町三条	30	⓫㉑	10	5で河原町三条❻	10·5
		❾㉑	10~	3・32で河原町三条❽(32は❻)	5~10
京都御所	32	❿	30	65で烏丸丸太町❼	7
		❾㉑	10	3で府立医大病院前⓬	15·13
		地四条駅	4	地下鉄烏丸線[上り](烏丸御池駅からも)で丸太町駅・今出川駅	4·6
下鴨神社	34	❾㉑	10	3で河原町今出川❽・出町柳駅前バス停	18·20
西陣	36	❻㉒	8	12で堀川今出川❼・堀川寺ノ内バス停	18~23
二条城	38	⓭	15	15で堀川御池❻	4
		❻㉒	8	12で二条城前❻	9
		地烏丸御池駅	4	地下鉄東西線[下り]で二条城前駅	2
東福寺・泉涌寺	40	❾㉑	5·15	207、58(⓫㉑土休日運行)で泉涌寺道❷・東福寺❹	22~24~
三十三間堂	42	❾㉑	5·15	207、58(同上)で東山七条❸	18~21
清水寺・高台寺	44	❾㉑	5·15	207、58(同上)で東山安井バス停・清水道❷・五条坂❹	10~17
祇園 八坂神社	46	⓬	30	31で祇園❺	11
		❾㉑	3~	46・201・203・207、58(⓫㉑土休日運行)で祇園各バス停	8~11
知恩院 青蓮院	48	❾㉑	5~	31・46・201・203(市バス31は⓬㉑乗り場)で知恩院前バス停・東山三条❹	12~14~
		地烏丸御池駅	4	地下鉄東西線[上り]で東山駅	5
平安神宮	50	㉑	10	5で岡崎公園 美術館・平安神宮前❷	18
		❾㉑	10·8	32・46で岡崎公園 ロームシアター京都・みやこめっせ前❹(46は岡崎公園 美術館・平安神宮前❶にも)	16~
南禅寺・永観堂	52	㉑	10	5で南禅寺・永観堂道❷	21
		地烏丸御池駅	4	地下鉄東西線[上り]で蹴上駅	7
銀閣寺	54	㉑	10	5で銀閣寺道❷	29
		❾㉑	10·5	32・203で銀閣寺前❶(203は銀閣寺道❹)	28~
詩仙堂・曼殊院	56	㉑	10	5で一乗寺下り松町❹・一乗寺清水町❷	33·35
大原	80	地四条駅	4+15	地下鉄烏丸線[上り]で国際会館駅(P78)京都バス19・特17で大原	16+22
上賀茂神社	58	❻㉒	8	46で上賀茂神社前(御薗口町)❸	41~
大徳寺	60	❻㉒	8	12で大徳寺前❷	29·32
北野天満宮	62	❻	15~	55・52で北野天満宮前❷	24
		❼㉒	5	203で北野天満宮前❶	26~
金閣寺	64	❻㉒	8	12で金閣寺道❸	34~
妙心寺・仁和寺	66	❼	10·10	26・91で妙心寺北門前❷・御室仁和寺❹(91は妙心寺前❾のみ)	29~·33~·(26)
龍安寺	66	❻	8·15	12(12は㉒も)・52・55で立命館大学前❽(龍安寺まで徒歩11分)	31~38
映画村 広隆寺	68	❼㉒	10~	11・京都バス73・75・76(京都バスは❼からのみ)で太秦広隆寺前❻	22~
天龍寺	70	❼㉒	10~	11・京都バス73・76(京都バスは❼からのみ)で嵐山❹・嵐山天龍寺前❷(京都バスは嵐山❹のみ)	35~
嵯峨野	72	❼㉒	10	11で嵯峨小学校前❷	41~·44~
		❼	10	91で嵯峨釈迦堂前❻・大覚寺❶	40·43
高雄	79	❼	30	8で高雄❸・栂ノ尾❻	51·53
松尾大社	74	❼㉒	10	3で松尾橋❻(松尾大社へ徒歩8分)	34·37
伏見	76·77			京都駅前(P18)乗換	

よみかた 御池(おいけ) 姉小路(あねやこうじ) 綾小路(あやのこうじ) 御幸町(ごこうまち) 麩屋町(ふやちょう) 富小路(とみのこうじ) 柳馬場(やなぎのばんば) 堺町(さかいまち) 新風館(しんぷうかん)

四条大宮・壬生寺
しじょうおおみや　みぶでら

❶〜❿四条大宮
⓱⓲壬生寺道

あんじょうお行きやす、壬生さん

壬生狂言で有名。厄除節分会（2月2日・3日）」は、壬生狂言三十番組のうち、節分の豆まきにちなんだ演劇が無料公開される。

境内の**壬生塚**（参拝料200円）には、新選組・近藤勇の胸像や隊士の墓碑4基がある。池田屋事件の7月16日には「**新選組隊士等慰霊供養祭**」が行われる。

目的地	参照頁	乗り場	待ち時分	アクセスと下車バス停 ※太字は1時間に4便以上（昼間）	乗車時分
京 都 駅	18	❶❶	10～	**26**、京都バス**73**・**76**で京都駅前市バス降り場	17～19
		❺❶	15	**28**で同上	13・15
東 本 願 寺	20	❶❶	10～	**26**、京都バス**73**・**76**で烏丸七条❾	11～13・14
西 本 願 寺		❺❶	15	**28**で西本願寺前❶	7・8
東 寺京都水族館	22	❸	4～	**206**・**207**・**18**・特**18**・**71**で七条大宮・京都水族館前バス停、東寺東門前❷（**207**・**18**・特**18**のみ）	8～、10～
四条河原町・新京極	24	❶❶	5～、5・6	**3**・**11**、**203**・**207**（❶からのみ）等で四条河原町❾（**3**は⓫）	13・14
四 条 高 倉	26	❶❶	3～	**3**・**8**・**11**、**203**・**207**等で四条烏丸❾（❽）・四条高倉㉑	6～
四 条 烏 丸		❶❺	5～	**13**・特**13**・**29**・**91**で四条烏丸❽	7・8
河原町三条	30	❶❶	5	**3**で河原町三条❽	15・16
京 都 御 所	32	❶❶	5	**3**で府立医大病院前⓬	21・23
		❻	6	**201**で烏丸今出川❷	27
下 鴨 神 社	34	❶	5	**3**で河原町今出川❸・出町柳駅前バス停	23～27
西 陣	36	❻	6	**201**で堀川今出川❸	23
二 条 城	38	❶❶	5～5	**3**・**203**等で四条堀川（P28）⇨**9**・**12**・**50**等で二条城前❻	2～+5
東福寺・泉涌寺	40	❸	5	**207**で東福寺❸・泉涌寺道❶	27・28
三十三間堂	42	❶	5	**207**で東山七条❸	27
		❸	6	**207**で東山七条❺	27
		❸	8	**206**で博物館三十三間堂前❶・東山七条❺	27・29
清水寺・高台寺	44	❶	5	**207**で東山安井バス停・清水道❷・五条坂❹	17・20・21
祇 園	46	❾❶	8	**46**で祇園❺	16
八 坂 神 社		❶	3～	**201**・**203**（❶からも）・**207**で祇園❹（**207**は❶）	16
知 恩 院	48	❶	6・6	**201**・**203**（❶からも）で知恩院前バス停・東山三条❹	18・20
青 蓮 院		❾❶	8	**46**で知恩院前バス停・東山三条❹	18・20
平 安 神 宮	50	❶	10	**32**で岡崎公園 ロームシアター京都・みやこめっせ前❹	23
		❾❶	8	**46**で岡崎公園 美術館・平安神宮前❶	24
南禅寺・永観堂	52		6～+5	四条河原町（P24）⇨**5**で南禅寺・永観堂道❷	13～+17
銀 閣 寺	54	❶	10・6	**32**で銀閣寺前❶・**203**（❶からも）で銀閣寺道❶	33・37～
詩仙堂・曼殊院	56		4～+5	四条河原町（P24）⇨**5**で一乗寺下り松町❹	13～+31
上賀茂神社	58	❽	8	**46**で上賀茂神社前❶	35
大 徳 寺	60	❽	7	**206**で大徳寺前❶	25
北野天満宮	62	⓲❷	6	**203**で北野天満宮前❶	20・21
金 閣 寺	64	⓲❷	4～+4	**3**・**203**等で西大路四条（P83）⇨**205**（右回り、北行）で金閣寺道❸	6～+17
龍 安 寺	66	❻	15・15	**52**・**55**で立命館大学前❽（龍安寺へ徒歩11分）	25
妙 心 寺		⓲❷	10	**91**で妙心寺前❾	18・19
高 雄	79	❹	30	**8**で高雄❸・栂ノ尾❻	44・46
龍 安 寺	66	❻	30	JRバス（立命館大経由）で龍安寺前❷・御室仁和寺❹・高雄❸・栂ノ尾❻	19・21・37・39
仁和寺 高雄	79				
妙心寺・仁和寺	66	⓲❷	10	**26**で妙心寺北門前❼・御室仁和寺❹	22～26
広隆寺・映画村	68	⓲❷	10～	**11**、京都バス**73**・**75**で太秦広隆寺前❻	18～・17～
天 龍 寺	70	⓲❹	15	**28**で嵐山天龍寺前❷	30・31
		⓲❷	10～	**11**、京都バス**73**・**76**で嵐山天龍寺前❷（京都バスは嵐山❹）	30～・31～
嵯 峨 野	72	⓲❷	10	**11**で嵯峨小学校前❼	34・35
		⓲❹	15	**28**で嵯峨小学校前❼・嵯峨釈迦堂前❻・大覚寺❶	33～39
松 尾 大 社	74	⓲❹	15～	**28**・**29**で松尾大社前❹（**29**は❷）	23・24
洛南方面	76・77			京都駅前（P18）乗換	

よみかた　後院 こういん　嵐電 らんでん　坊城 ぼうじょう　醒ケ井 さめがい　猪熊 いのくま　壬生川 みぶがわ　椛神社 なぎじんじゃ　隼神社 はやぶさじんじゃ　屯所 とんしょ

29

河原町三条
かわらまちさんじょう

❶〜❿河原町三条
❶河原町御池（京都バス）

あんじょうお行きやす 「高瀬川一之船入」「島津創業記念資料館」

5系統は四条通・五条通経由に分かれ烏丸五条で合流。特記のない場合は両系統乗車可能。

目的地	参照頁	乗り場	待ち時分	アクセスと下車バス停 ※太字は1時間に4便以上(昼間)	乗車時分
京都駅	18	❷	10・6・4	**4・特4・7・205**で京都駅前市バス降り場	14〜16
		❸	5、15	**5**、105(土休日運行)、京都バス17で同上降り場	14〜
東本願寺	20	❸	5、15、15	**5**、105(土休日運行)、京都バス17・特17で烏丸七条 (西本願寺は烏丸七条から徒歩11分)	14
西本願寺		❹	5+5	**3・11・32**で四条堀川(P28)乗継**9・28**で西本願寺前❶	13+4
京都水族館 東寺	22		15、5	徒歩8分の四条河原町(P24)から207で七条大宮・京都水族館前バス停、東寺東門前❷	20・23
四条烏丸	26・	❸	10	5(四条通経由)、京都バス17で四条高倉㉒・四条烏丸❹	7・9
四条大宮	28	❹	3〜	**3・11・32**で四条烏丸・四条大宮各バス停	9・15
壬生寺	28	❹	5・10	**3・11**で壬生寺道❶	16
京都御所	32	❼	10・4	**4・特4・205**で府立医大病院前⑫	7
		❾	10・7	**37・59**で府立医大病院前⑫・烏丸今出川❸(59のみ)	7・13
		❽	5・10	**3・7**で府立医大病院前⑫	7
下鴨神社	34	❼	10・4	**4・特4・205**で下鴨神社前❷	15
西陣	36	❾	7	**59**で堀川今出川❹	17
		❾	15	15で堀川御池❸	9
二条城	38	地下京都市役所前駅	4	地下鉄東西線[下り]二条行で二条城前駅・二条駅	4・6
東福寺	40		5	徒歩8分の四条河原町(P24)から207で東福寺❹	20
三十三間堂	42		5	上記四条河原町から207で東山七条❸	16
清水寺	44		5	四条河原町(P24)から207で清水道❷	9
祇園	46		2〜	四条河原町から**46・201・203・207**等で祇園バス停	4
知恩院 青蓮院	48	❻	5、15、15	**5**、105(土休日運行)で東山三条❸	8
		地下京都市役所前駅	4	地下鉄東西線[上り]で東山駅	3
平安神宮	50	❻	5、15、10	**5**、105(土休日運行)、32で岡崎公園 美術館・平安神宮前❷(32は岡崎公園 ロームシアター京都・みやこめっせ前❹)	12・9
南禅寺・永観堂	52	❻	5	**5**で南禅寺・永観堂道❷	15
		地下京都市役所前駅	4	地下鉄東西線[上り]で蹴上駅	5
銀閣寺	54	❻	5	**5**で銀閣寺道❶	23
		❻	10、15	32、105(土休日運行)で銀閣寺前❶	19
		❽	10	**7**で銀閣寺道❺	19
詩仙堂・曼殊院	56	❻	5	**5**で一乗寺下り松町❹・一乗寺清水町❷	29・31
大原	80	❺	10	京都バス17・特17で大原❶	47・57
上賀茂神社	58	❾	10	37で上賀茂御薗橋❺	34
		❼	10	**4・特4**(左京区総合庁舎経由)で上賀茂神社前❶	36・40
大徳寺	60	❼	4	**205**で大徳寺前❷	29
北野天満宮	62	❾	10・8	**10・51**で北野天満宮前❷	25
		❾	15	15で北野白梅町❸	24
金閣寺	64	❾	5	**59**で金閣寺道❶	32
		❼	4	**205**で金閣寺道❷	35
龍安寺		❾	10	10で妙心寺北門前❼・御室仁和寺❹	31・35
仁和寺	66	❾	7	**59**で龍安寺前❷・御室仁和寺❹	38・42
妙心寺		❿	10	京都バス63・66で妙心寺前❾	23
広隆寺	68	❹	10	**11**で太秦広隆寺前❻	36
映画村		❿	30〜	京都バス63・66で太秦映画村前❸と上記❻	27・29
嵐山	70	❿	30〜	京都バス63・66で嵐山❶	39
		❹	10	**11**で嵐山天龍寺前❼	47
嵯峨野・大覚寺	72	❹	10	**11**で嵯峨小学校前❼	50
松尾大社	74	❹	5	**3**で松尾橋❻(松尾大社へ徒歩8分)	42
伏見稲荷	76	❷❸	4〜+30	京都駅前(P18)乗継**南5**で稲荷大社前❶	14〜+16
伏見桃山	77	❷❸	4〜+15〜	京都駅前乗継**81・特81**で京橋❸	14〜+33〜

よみかた 京阪電車鴨東線 押小路 御幸町 三条小橋 角倉了以 柊屋

京都御所
きょうとごしょ

❶〜❻烏丸今出川（地下鉄今出川駅）
❼〜❿烏丸丸太町（地下鉄丸太町駅）
⓫⓬府立医大病院前

あんじょうお行きやす　「京都市歴史資料館」「梨木神社」「益富地学会館」

目的地	参照頁	乗り場	待ち時分	アクセスと下車バス停 ※太字は1時間に4便以上(昼間)	乗車時分
京都駅	18	⓫	4～	4・**特4**・**7**・**205**で京都駅前市バス降り場	24～
		地今出川駅	4	地下鉄烏丸線〔下り〕(丸太町駅からも)で京都駅	10・8
東本願寺	20	地今出川駅	4	地下鉄烏丸線〔下り〕(丸太町駅からも)で五条駅	7・5
西本願寺		地今出川駅	4	京都駅(P24)継	10+6
京都鉄道博物館	22	地今出川駅	4	京都駅(P24)継	10+7～
東寺	22	❼❽	6	**202**で九条大宮❺(❽から202は九条大宮❻)	41・43
四条河原町	24	❷	7	59で四条河原町❶	16
		❹❾	30	51で四条河原町❶(烏丸一条バス停からも)	11～16
新京極		❼	10	10で四条河原町❶	11
四条烏丸	26	⓫	5	3で四条高倉㉒・四条烏丸❻	13・16
		地今出川駅	5	地下鉄烏丸線〔下り〕(丸太町駅からも)で烏丸御池駅・四条駅	3・5
四条大宮	28	❸	6	**201**で四条大宮❼	28
壬生寺		⓫	5	3で四条大宮❹・壬生寺道⓲	23・24
河原町三条	30	❷	7	59で河原町三条❶	13
		❹❾	30	51で河原町三条❸(烏丸一条バス停からも)	13・8
三条京阪		❼	10	10で河原町三条❶・三条京阪前バス停	7・15
下鴨神社	34	❷	2～	**201**・**203**・**59**で河原町今出川・出町柳駅前バス停	3～6
		⓬	10・4	4・**特4**・**205**で下鴨神社前❶	9・8
西陣	36	❸	2～	**201**・**203**・**59**で堀川今出川❸	3～4
		❺⓾	30	51で堀川今出川❹(烏丸一条バス停からも)	4・9
二条城	38	❽	2～	**10**・93・**202**・**204**・京都バス臨で堀川丸太町❷	4
		地今出川駅	4+4	地下鉄烏丸線〔下り〕(丸太町駅からも)で烏丸御池駅継東西線〔下り〕で二条城前駅・二条駅	4+2・4
東福寺・泉涌寺	40	❼	6	**202**で泉涌寺道❶・東福寺❹	29・31
三十三間堂	42	❼	6	**202**で東山七条❸	26
清水寺	44	❼	6	**202**で清水道❷	20
祇園	46	❷	6	**201**で祇園❷	22
八坂神社		❼	6	**202**で祇園❶	16
知恩院 青蓮	48・	❷	6	**201**で東山二条・岡崎公園口⓭・東山三条❷・知恩院前バス停	16・18・20
院 平安神宮	50	❼	6	**202**で東山二条・岡崎公園口⓭・東山三条❷・知恩院前バス停	10・12・14
平安神宮	50・52・54	❼	10	93で岡崎道⓯(徒歩7分で平安神宮)、東天王町❻(永観堂へは徒歩8分)	10、12
永観堂		❷	6、15	**203**、102(土休日運行)で銀閣寺道❷(102は❷のみ)・東天王町❺	14・19
南禅寺		❼	8	**204**で岡崎道⓯・東天王町❻・銀閣寺道❸	10・12・18
銀閣寺		⓬	4+4	7で銀閣寺道❸	12
		地今出川駅	4+4	地下鉄烏丸線〔下り〕(丸太町駅からも)で烏丸御池駅継東西線〔上り〕で東山駅・蹴上駅	3+5・7
詩仙堂・曼殊院	56	❼	30	65で修学院駅前❽	32
岩倉	78	地今出川駅	4	地下鉄烏丸線〔上り〕(丸太町駅からも)で国際会館駅	10
国際会館					
上賀茂神社	58	⓬	10・10	37・4・**特4**(左京区総合庁舎経由)で上賀茂御薗橋❺(市バス4・**特4**は上賀茂神社前❶)	27・(33～)
		❸	2+5	堀川今出川(P36)継市バス9で上賀茂御薗橋❺	4+13
大徳寺	60	⓬	5	**205**で大徳寺前❶	22
北野天満宮	62	❸	6	**203**、102(土休日運行)で北野天満宮前❷	11、12
		❺⓾	30	51で北野天満宮前❷(烏丸一条バス停からも)	11・16
金閣寺	64	❸⓬	7	59で金閣寺道❶、102(❸からのみ、土休日運行)で金閣寺道❸	20、26
龍安寺		❸⓬	7	59で龍安寺前❷・御室仁和寺❹	26～36
仁和寺	66	❽	10～	93、京都バス臨で妙心寺前❾	18
妙心寺		❽	10	10で妙心寺北門前❼・御室仁和寺❹	23・27
広隆寺・映画村	68	❽	10～	93、京都バス臨で太秦映画村❷(広隆寺へは徒歩12分)	21
嵐山 嵯峨野	70・72	❽	10	93で嵯峨瀬戸川町⓾・嵐山天龍寺前❷	30・35
松尾大社	74	⓫	5	3で松尾橋❻(松尾大社へ徒歩8分)	45
伏見方面				京都駅前(P18)乗換	

よみかた 荒神口(こうじんぐち) 乾御門(いぬいごもん) 中立売(なかだちうり) 武者小路(むしゃのこうじ) 清所門(せいしょもん) 廬山寺(ろざんじ) 清浄華院(しょうじょうけいん) 新島(にいじま) 革堂(こうどう)

下鴨神社・出町柳
しもがもじんじゃ　でまちやなぎ

❶〜❷下鴨神社前
❸〜❼河原町今出川

あんじょうお行きやす、糺の森

原生樹林の植生を残す**糺の森**。奈良の小川や御手洗川が流れ、平安文学・詩歌管弦に多くみられる。

下鴨神社の境内には53棟の社殿が立ち並び、王朝絵巻さながらの**葵祭**（賀茂祭・5月15日）、**御手洗祭**（足つけ神事・7月28日〜31日）など、見応えのある祭事が催される。（参拝自由・大炊殿有料）

葵公園一帯は、8月16日20時からの、**五山送り火**の観賞の絶好ポイント。お盆にお迎えした先祖の霊を送るという意味を持ち、室町時代から始まったという。

「萩の寺」**常林寺**は初秋が見頃。勝海舟が京の宿坊としたという。（参拝自由）

目的地	参照頁	乗り場	待ち時分	アクセスと下車バス停 ※太字は1時間に4便以上(昼間)	乗車時分
京 都 駅	18	❶❹	4・10	**205**・**4**・**特4**で京都駅前市バス降り場	25〜32
西 本 願 寺	20	❶❹	4〜+5	京都駅前継**9**・**28**で西本願寺前❷	25〜+6
京都水族館 京都鉄道博物館 東　　寺	22	❶❹	4〜+5	四条河原町継**207**(左回り)で七条大宮・京都水族館前バス停、東寺東門前❷	12〜+20、22
四 条 河 原 町	24	❶❹	4・10	**205**・**4**・**特4**で四条河原町❸(**4**・**特4**は❶)	12〜19
四 条 高 倉	26	❹	5	**3**で四条高倉❷・四条烏丸❼	18・20
四 条 烏 丸		❶	4〜+5〜	河原町三条(P30)継**5**・**11**で四条烏丸各バス停	16〜+9
四 条 大 宮 壬 生 寺	28	❹	5	**3**で四条大宮❹・壬生寺道⓲	24・25
		❶	4〜+5	**205**・**1**で河原町今出川(P34)継**3**で四条大宮❹・壬生寺道⓲	6+24・25
河 原 町 三 条	30	❶	4・10	**205**・**4**・**特4**で河原町三条❷(205は❸)	15・16
京 都 御 所	32	❶	4・10	**205**・**4**・**特4**で府立医大病院前⓫	8・9
西　　陣	36	❻	2〜	**201**・**203**・**59**で堀川今出川❹	8
		❶	4+2〜	**205**・**1**で河原町今出川(P34)継**201**・**203**・**59**で堀川今出川❹	6+8
二 条 城	38	❻	6	**201**で二条駅前バス停(徒歩15分で二条城)	22
		❶❹	4+4	**205**で京都市役所前(P30)継地下鉄東西線(下り)で二条城前駅	7+4
東福寺・泉涌寺	40	❶	4〜+5	四条河原町(P24)継**207**等で泉涌寺道❷・東福寺❹	12〜+18〜
三 十 三 間 堂	42	❶	4〜+5〜	四条河原町継**207**、**58**(土休日運行)で東山七条❸	12〜+14
清 水 寺	44	❶	4〜+5〜	四条河原町継**207**、**58**(土休日運行)で清水道❶	12〜+8
知恩院・祇園	48・46	❼	6	**201**で東山三条❷・知恩院前バス停・祇園❷	13・15・17
平 安 神 宮	50	❼	6	**201**で東山二条・岡崎公園口⓭	12
		❸	8	**203**で岡崎道⓰(徒歩7分で平安神宮)	19
南禅寺・永観堂	52	❸	6	**203**で東天王町❺	17
銀 閣 寺	54	❸	10・6、15	**7**・**203**、**102**(土休日運行)で銀閣寺道❺(102・203は❷)	10、11
詩仙堂・ 曼殊院	56	❸	6〜+5	**7**・**203**で銀閣寺道(P54)継**5**で一乗寺下り松町❹・一乗寺清水町❷	10〜+6・8
上 賀 茂 神 社	58	❷❺	10	**4**・**特4**(左京区総合庁舎経由)で上賀茂神社前❶	21〜・27〜
大 徳 寺	60	❷	4・8	**205**・**1**で大徳寺前❷	14
北 野 天 満 宮	62	❻	5、15	**203**、**102**(土休日運行)で北野天満宮前❷	15、16
金 閣 寺	64	❷	4	**205**で金閣寺道❷	21
龍 安 寺 仁 和 寺 妙 心 寺	66	❻	7	**59**で龍安寺前❷・御室仁和寺❹	29・33
		❷	4〜+7	**205**・**1**で千本北大路(P60、P81)継**59**で龍安寺前❷・御室仁和寺❹	17+9・12
妙 心 寺		❷	4+10	北野白梅町(P62、P81)継**10**で妙心寺北門前❼	24+4
広 隆 寺 映 画 村	68	❶	4〜+10〜	**205**・**4**・**特4**で河原町丸太町(P32、P82)継**93**、京都バス臨で太秦映画村道❷	11〜+28〜
嵐　　山	70	❶	4〜+10	**205**・**4**・**特4**で河原町丸太町継**93**で嵐山天龍寺前	11〜+44
嵯 峨 野	72	❶	4〜+10	**205**・**4**・**特4**で河原町丸太町継**93**で嵯峨瀬戸川町⓾	11〜+39
松 尾 大 社	74	❶	4+5	河原町今出川(P34)継**3**で松尾橋❻	7+46
伏 見 稲 荷	76	❶	4〜+30	**205**・**4**・**特4**で京都駅前(P18)継南**5**で稲荷大社前❶	32〜+16
伏 見 桃 山	77	❶	4〜+15〜	**205**・**4**・**特4**で京都駅前継**81**等で京橋❸	32〜+33〜

よみかた　糺ノ森(ただすのもり)　出雲路(いずもじ)　葵橋西詰(あおいばしにしづめ)　御蔭橋(みかげばし)　百万遍(ひゃくまんべん)　相国寺(しょうこくじ)　承天閣(じょうてんかく)　叡山(えいざん)

西陣
にしじん

❸〜❼堀川今出川

あんじょうお行きやす 「西陣織会館」 「京都市考古資料館」 「晴明神社」

目的地	参照頁	乗り場	待ち時分	アクセスと下車バス停 ※太字は1時間に4便以上(昼間)	乗車時分
京都駅	18	❺	5	**9**で京都駅前市バス降り場	27
西本願寺	20	❺	5	**9**で西本願寺前❶	19
京都水族館 東寺	22	❺	5~+5、15	**12**で四条烏丸(P26)▩**207**で七条大宮・京都水族館前バス停、東寺東門前❷	19+13、15
四条河原町 新京極	24	❺ ❸	8 30·7	**12**で四条河原町❾ 51・59で四条河原町❶	25 20
四条高倉 四条烏丸	26	❺	8	**12**で四条烏丸❾・四条高倉㉑	19·22
四条大宮 壬生	28	❹ ❹	6 6	**203**で壬生寺道⓱ **201**で四条大宮❶	26 24
河原町三条	30	❸	30·7	51・59で河原町三条❶(市バス51は❸)	17
京都御所	32	❸ ❸	30 4~	51で烏丸今出川❹ 59・**201**・**203**、102(土休日運行)で烏丸今出川❷、府立医大病院前⓫(市バス59のみ)	4 4、9
下鴨神社	34	❸ ❸	6·6、15 7	**201**・**203**、102(土休日運行)で河原町今出川❼(102・203は❸)・出町柳駅前バス停 59で河原町今出川❹	8·10 8
二条城	38	❺	5·8	**9**・**12**で二条城前❺	8
東福寺・泉涌寺	40	❸❺	8~+5	四条河原町(P24)▩**207**で泉涌寺道❷・東福寺❹	20~+18~
三十三間堂	42	❸❺	8~+5~	四条河原町▩**207**、58(土休日)で東山七条❸	20~+14
清水寺	44	❸❺	8~+5~	四条河原町▩**207**、58(土休日運行)で清水道❶	20~+9
祇園	46	❸	6	**201**で祇園❷	26
青蓮院・知恩院	48	❸	6	**201**で東山三条❷・知恩院前バス停	22·24
平安神宮	50	❸	6	**201**で東山二条・岡崎公園口⓭	20
南禅寺・永観堂	52	❸	6	**203**で東天王町❺	23
銀閣寺	54	❸	6、15	**203**、102(土休日運行)で銀閣寺道❷	18、19
詩仙堂・曼殊院	56	❸	6~+5	銀閣寺道(P54)▩5で一乗寺下り松町❹・一乗寺清水町❷	18~+6·8
上賀茂神社	58	❼	5	**9**で上賀茂御薗橋❺	13
大徳寺	60	❼	8	**12**で大徳寺前❷	6
北野天満宮	62	❹	30·6~	51・**203**、102(土休日運行)で北野天満宮前❷	6~7
金閣寺	64	❼ ❹	8 7、15	**12**で金閣寺道❷ 59、102(土休日運行)で金閣寺道❶(102は❸)	12 15、17
龍安寺・仁和寺	66	❹ ❹	7 3~+10	59で龍安寺前❷・御室仁和寺❹ **201**・**203**・59等で千本今出川(P62.P81)▩10で妙心寺北門前❼	21·25 3~+9
妙心寺					
東映太秦映画村・広隆寺	68	❹	6+5~	**203**で西ノ京円町(巻頭路線図B.P82)▩91・93、京都バス63・66で太秦映画村道❷(京都バス63・66は太秦映画村前❸・太秦広隆寺前❻)	13+9、10~
嵐山	70	❹	6+10	**203**で西ノ京円町(P82)▩93で嵐山天龍寺前❷	13+25
嵯峨野	72	❹	6+10	西ノ京円町▩91で嵯峨釈迦堂前❻・大覚寺❶	13~+22~
松尾大社	74	❺	5+10~	**9**で四条堀川(P28)▩28・29で松尾大社前❹・❷	15+27
伏見稲荷	76	❺	5~+30	京都駅前(P18)▩南5で稲荷大社前❶	27+16
伏見桃山	77	❺	5~+15~	京都駅前▩81・特81で京橋❸	27+33~

よみかた　元誓願寺　蛭屋町通　上御霊前　晴明　白峯　宝鏡寺　瑞春院　樂美術館

二条城
にじょうじょう

❶〜❹堀川丸太町
❺❻二条城前
❼❽⓫⓬堀川御池

あんじょうお行きやす、えほうさん

　神泉苑は平安京の庭園の遺構。桓武天皇以来、花見や船遊び、詩歌管弦などの遊宴が催された。「**御池通**」の由来でもある。空海が雨乞い祈祷をした霊地でもあり、御霊会（祇園祭の起源）の修法道場でもあった。また義経と静御前出会いの場所と伝えられる。後白河法皇は静の舞を「日本一」と讃えたという。

　苑内にある**恵方社**は方位神のひとつ、歳徳神を祀る。小祠の社殿は風水にのっとり、その年の恵方の方角に向きを変える。（境内自由）

目的地	頁	乗り場	待ち分	アクセスと下車バス停 ※太字は1時間に4便以上(昼間)	乗車時分
京都駅	18	❺	5・8	**9・50**で京都駅前市バス降り場	18・19
西本願寺	20	❺	5	**9**で西本願寺前❶	11
東本願寺				西本願寺から徒歩8分で東本願寺	
京都水族館	22	❺	3〜+5	**9・12・50**で四条堀川(P28)継**207**で七条大宮・京都水族館バス停、東寺東門前❷	6〜+9、12
東寺					
四条河原町	24	❺	8	**12**で四条河原町❾	17
四条烏丸	26	❺	8	**12**で四条烏丸❾	11
四条大宮 壬生寺	28	❺	3〜+3〜	四条堀川(P28)継**203**・3・11・**26**・91・28・29で四条大宮各バス停、壬生寺道⓲	6〜+2〜
河原町三条	30	❼	15〜	15、京都バス62・63・67・68で河原町三条(河原町御池)❶	9
		地二条城前駅	4	地下鉄東西線〔上り〕で京都市役所前駅・三条京阪駅	4・5
京都御所	32	❸	4〜	10・**93・202・204**で烏丸丸太町❼	4
		地二条城前駅	4+4	地下鉄東西線〔上り〕で烏丸御池駅(P26)継烏丸線〔上り〕で丸太町駅・今出川駅	2+2・4
下鴨神社	34	❻	5+4〜	**9**で北大路堀川(P60)継**205**・1で下鴨神社前❶	15+12
西陣	36	❻	5〜	**9・12**で堀川今出川❼	9
東福寺・泉涌寺	40	❸	6	**202**で泉涌寺道❷・東福寺	32・34
三十三間堂	42	❸	6	**202**で東山七条	30
清水寺	44	❸	6	**202**で清水道❷	24
祇園	46	❸	6	**202**で祇園❶	20
青蓮院・知恩院	48	❸	6	**202**で東山三条❷・知恩院前バス停	16・18
平安神宮	50	❸	8・10	204・93で岡崎道⓯	14
		❸	6	**202**で東山二条・岡崎公園口⓭	14
		地二条城前駅	4	地下鉄東西線〔上り〕で東山駅	7
南禅寺 永観堂	52	❸	8・10	204・93で東天王町❻	16
		地二条城前駅	4	地下鉄東西線〔上り〕で蹴上駅	9
銀閣寺	54	❸	8	**204**で銀閣寺道❸	22
詩仙堂・曼殊院	56	❸	8+5	**204**で銀閣寺道❸(P54)継同バス停から5で一乗寺下り松町❹・一乗寺清水町	22+6・8
大原	80	地二条城前駅	4+4	地下鉄東西線〔上り〕で烏丸御池駅(P26)継烏丸線〔上り〕で国際会館駅継京都バス19・特17で大原❶	2+14+22
上賀茂神社	58	❻	5	**9**で上賀茂御薗橋❺	23
大徳寺	60	❻	8	**12**で大徳寺前❶	16
北野天満宮	62	❻	8	**50**で北野天満宮前❷	15
金閣寺	64	❻	8	**12**で金閣寺道❶	22
龍安寺	66	❻	8+7	**50**で立命館大学前(P64)継59で龍安寺前❷ 立命館大学前バス停から徒歩11分	23+2
仁和寺 妙心寺		❷	10〜	93、京都バス臨で妙心寺前❶	14
		❷	10	**10**で妙心寺北門前❼・御室仁和寺❹	19・23
広隆寺 東映太秦映画村	68	❷	10〜	93、京都バス臨で太秦映画村道(常盤仲之町)❷	18
		❺	5〜+10	**9・12・50**で四条堀川(P28)継11で太秦広隆寺前❻	6〜+23
		❽	30〜	京都バス63・66で太秦映画村前❸・太秦広隆寺前❻	19・21
嵐山	70	❷	10	93で嵐山天龍寺前❷	35
		❽	30〜	京都バス63・66で嵐山❹	32
嵯峨野 大覚寺	72	❷	10	93で嵯峨瀬戸川町⓾(嵯峨釈迦堂徒歩5分・大覚寺徒歩15分)	30
松尾大社	74	❺	5〜+10〜	四条堀川(P28)継28・29で松尾大社前❹・❷	6〜+26
伏見稲荷	76	❺	5〜+30	京都駅前(P18)継南5で稲荷大社前❶	18〜+16
伏見桃山	77	❺	5〜+15	京都駅前継市バス81・特81で京橋❷	17〜+33〜

よみかた　智恵光院(ちえこういん)　美福(びふく)　夷川(えびすがわ)　椹木町通(さわらぎちょうどおり)　朱雀(すざく)　車寄(くるまよせ)　隅櫓(すみやぐら)　白書院(しょいん)

東福寺・泉涌寺
とうふくじ・せんにゅうじ

❶❷泉涌寺道
❸❹東福寺

あんじょうお行きやす、紅葉めぐり

東福寺には、国宝の三門はじめ鎌倉・室町期の禅宗建築様式がそのままに残る。**臥雲橋**(がうんきょう)は無料で楽しめる紅葉の絶景。（境内自由・通天橋、方丈入場有料）

今熊野観音寺は西国三十三ヶ所観音霊場の第十五番。（参拝自由）

目的地	参照頁	乗り場	待ち時分	アクセスと下車バス停 ※太字は1時間に4便以上(昼間)	乗車時分
京都駅	18	❶❸	10、15	208で京都駅前市バス降り場	14
		❷❹	15・15	58(土休日運行)で京都駅八条口アバンティ前	6
東本願寺	20	❶❸	10	208で烏丸七条⓫	10・11
西本願寺		❷❹	5	207で島原口⓯	18・20
京都水族館	22	❷❹	6・10	202・208で九条大宮❺	10〜・12〜
東寺		❷❹	5	207で東寺東門前❸、七条大宮・京都水族館前バス停	14〜・16〜
四条河原町	24	❶❸	5、15	207、58(土休日運行)で四条河原町❻	18・19
四条烏丸	26	❶❸	5、15	207、58(同上)で四条高倉㉒・四条烏丸❻(58は❹)	22〜・25〜
四条大宮	28	❷❹	5	207で四条大宮❶	24〜・26〜
河原町三条	30			四条河原町から徒歩8分	
京都御所	32	❶❸	6	202で烏丸丸太町❽	28・29
下鴨神社	34	❶❸	5+4〜	四条河原町(P24)繼205・4・特4で下鴨神社前❷	18〜+17〜
西陣	36	❷❹	5+5	207で四条堀川(P28)繼9で堀川今出川❼	27〜+14
二条城	38	❶❸	6	202で堀川丸太町❷	33・34
三十三間堂	42	❶❸	6・5〜	202・207、58(土休日運行)で東山七条❺	3・4
		❶❸	10、15	208で博物館三十三間堂前❷	3
清水寺	44	❶❸	6・5〜	202・207、58(土休日運行)で五条坂❼	7・8
高台寺	46	❶❸	6・5〜	202・207、58(同上)で東山安井バス停	11・12
祇園		❶❸	6・5〜	202・207、58(同上)で祇園❺(市バス207・58は❷)	13・14
知恩院・東山三条	48	❶❸	6	202で知恩院前バス停・東山三条❹	15〜
平安神宮	50	❶❸	6	202で東山二条・岡崎公園口⓮	19・20
南禅寺・永観堂	52	❶❸	6+5、15	東山三条(P48)繼5で南禅寺・永観堂道❷、銀閣寺道❸、105(土休日運行)で銀閣寺前❶	17〜+7、15
銀閣寺	54				
詩仙堂・曼殊院	56	❶❸	6+5	東山三条(P48)繼5で一乗寺下り松町❹・一乗寺清水町❷	17〜+21・23
上賀茂神社	58	❷❹	5+5	207で四条堀川(P28)繼9で上賀茂御薗橋❺	26〜+27
大徳寺	60	❷❹	5+4	207で七条大宮・京都水族館前(P22、P83)繼206・205で大徳寺前	14〜+33
北野天満宮	62	❷❹	6+6	202で西大路四条(P83)繼203で北野天満宮前❶	32〜+14
金閣寺	64	❷❹	5+4	207で七条大宮・京都水族館前(P22・P83)繼205で金閣寺道❶	14〜+33〜
龍安寺		❶❸	5+7	四条河原町(P24)繼59で龍安寺前❷	18〜+49〜
妙心寺	66	❷❹	6+10	202で西大路四条(巻頭路線図E、P83)繼26で妙心寺北門前❼・御室仁和寺❶	32〜+17・21
仁和寺					
妙心寺		❷❹	6+10	西大路四条(P83)繼91で妙心寺前❾	32〜+13
映画村	68	❷❹	6+10	西大路四条繼11で太秦広隆寺前❻	32〜+15
嵐山	70	❷❹	6+10〜	西大路四条繼11・28で嵐山天龍寺前❷	32〜+24〜
嵯峨野	72	❷❹	6+10〜	西大路四条繼11・28で嵯峨小学校前❼	32〜+26〜
大覚寺		❷❹	6+10〜	西大路四条繼91・28で大覚寺❶	32〜+34〜
松尾大社	74	❷❹	6+15〜	西大路四条繼28・29で松尾大社前❹・❷	32〜+18
伏見稲荷	76	❶❸	10+30	京都駅前(P18)繼南5で稲荷大社前❶	14〜+16
伏見桃山	77	❷❹	3〜+15〜	207・202・208で地下鉄九条駅前(大石橋)(巻頭路線図E、P83)繼81・特81で京橋❸	4〜+25〜

よみかた　新熊野神社（いまくまののじんじゃ）　東大路（ひがしおおじ）　日下門（にっかもん）　東司（とうす）　青窯会（せいようかい）　臥雲橋（がうんきょう）　偃月橋（えんげつきょう）　芬陀院（ふんだいん）　月輪陵（つきのわりょう）

洛中　洛東　洛北　洛西　洛南

41

三十三間堂
さんじゅうさんげんどう

❶❷博物館三十三間堂前
❸〜❺東山七条

あんじょうお行きやす、太閤さん

豊臣秀吉を祀る**豊国神社**は、1880年（明治13）の再建で、唐門は、伏見城の城門を移築した国宝。**方広寺**の鐘は「家康の名を二分して国安らかに、豊臣を君として子孫繁栄を楽しむ」と、大坂冬の陣の原因となった。近くには朝鮮出兵の**耳塚**もある。

目的地	参照頁	乗り場	待ち分？	アクセスと下車バス停 ※太字は1時間に4便以上(昼間)	乗車時分
京都駅 東本願寺	18	❷❹	4～	**206・208**・86で烏丸七条⓫・京都駅前市バス降り場	6～14
西本願寺		❷❹	4・10	**206・208**で七条堀川❺	15～18
京都水族館 鉄道博物館	22	❷❹	4～	**206・208**・86で七条大宮・京都水族館前バス停、梅小路公園・JR梅小路京都西駅前バス停(208のみ)、梅小路公園・京都鉄道博物館前バス停(86のみ)	19～24
東　　寺		❶❸	10・6	**208**・202(❸のみ)で九条大宮❺(東寺)	19・17
		❸	5	**207**で東寺東門前❸・七条大宮・京都水族館前バス停	22・24
四条河原町	24	❺	5,15	**207**・58(土休日運行)で四条河原町❻ ＊河原町三条は、北へ徒歩7分	15
四条烏丸	26	❺	5,15	**207**・58(同上)で四条高倉㉒・四条烏丸❻(58は❹)	19・21
四条大宮	28	❷❹	4	**206**で四条大宮❽	29・30
壬生寺		❸	5	**207**で四条大宮❶	26
京都御所	32	❸	6	**202**で烏丸丸太町❽	26
下鴨神社	34	❷❹	4～+4	**206・208**で七条河原町(巻頭路線図)乗換**205**で下鴨神社前	5～+26
西　　陣	36	❶❺	5～+2～	祇園(P46)乗換**201**・12・**203**で堀川今出川各バス停	11～+25～
二条城	38	❷	4～+4～	京都駅前乗換9・**50**・12で二条城前❻	11～+17～
東福寺・泉涌寺	40	❸	2～	**202・207・208**・58(土休日運行)で泉涌寺道❷・東福寺❹	2・4
清水寺	44	❶❺	5～	**206**・86・106、京都バス臨で五条坂❼	6・4
		❺	6・5	**202・207**、58(土休日運行)で五条坂❼	4
祇園 八坂神社	46	❶❺	4～	**206**・86・106、京都バス臨で祇園❺	9～12
		❺	5～,15	**202・207**、58(土休日運行)で祇園❺(市バス**207**・58は❷)	10
知恩院 青蓮院	48	❶❺	4～	**206**・86・106、京都バス臨、**202**(❺のみ)で知恩院前バス停・東山三条❹(106は東山三条❼)	12～16
平安神宮	50	❶❺	4～	**206**、京都バス臨、**202**(❺のみ)で東山二条・岡崎公園口⓮	18・16
		❶❺	15	86で岡崎公園 美術館・平安神宮前	23・21
南禅寺・永観堂 銀閣寺	52	❶❺	4～ +5,15	東山三条(P48)乗換5で南禅寺・永観堂道❷、銀閣寺道❸。同105(土休日運行)で東天王町❹・銀閣寺前❶	12～+8、 13,10・16
詩仙堂・ 曼殊院	56	❶❺	4～+5	東山三条(P48)乗換5で一乗寺下り松町❹・一乗寺清水町❷	12～+20・22
大徳寺	60	❶❺	4	**206**で大徳寺前❷	52・50
		❷❹	4	**206**で大徳寺前❶	52・54
北野天満宮	62	❷❹	4+5～	**206**で千本今出川(P62,P81)乗換**203**・**50**・10・55、102(土休日運行)で北野天満宮前❷	41～+2～
金閣寺	64	❷❹	4～+4	**206・208**・86で七条大宮・京都水族館前(P22,P82)乗換**205**で金閣寺道❸	18～+32
龍安寺 仁和寺	66	❷❹	4+7	**206**で千本今出川(P62,P81)乗換59で龍安寺前❷・御室仁和寺❹	41～+16・20
妙心寺 仁和寺		❷❹	4+10	**206**で四条大宮(P28)乗換26で妙心寺北門前❼・御室仁和寺❹	27～+24、27
広隆寺・映画村	68	❷❹	4+10	**206**で四条大宮乗換11で太秦広隆寺前❻	27～+21
嵐　山	70	❷❹	4+10～	**206**で四条大宮乗換11・28で嵐山天龍寺前❷	27～+31
大覚寺	72	❷❹	4+10～	**206**で四条大宮乗換91・28で大覚寺❶	27～+40～
松尾大社	74	❷❹	4+15～	**206**で四条大宮乗換28・29で 松尾大社前❹・❷	27～+24
伏見稲荷	76	❷❹	4～+30	京都駅前(P18)乗換南5等で稲荷大社前❶	11～+16
伏見桃山	77	❸	4～+15～	**202・208・207**で地下鉄九条駅前(大石橋)(巻頭路線図E.P83)乗換81・特81で京橋❺	7～+25～

よみかた　千手観音　女坂　渋谷通　大和大路　豊国神社　智積院　新日吉神宮

清水寺
きよみずでら

❶〜❸❽清水道
❹❼五条坂

あんじょうお行きやす、京の坂道

　石畳の坂道、**産寧坂**の名前は、清水寺の南にある子安の塔（泰産寺・安産の御利益）へ続く坂道で、「産む」に「寧く」という意味がある。途中、見え隠れする**八坂の塔**は聖徳太子による建立にはじまるという。（産寧坂伝統的建造物群保存地区）
　安井金比羅宮の境内には縁切り縁結び碑があり、主祭神は崇徳天皇。（参拝自由）
　六波羅蜜寺は空也上人ゆかりの寺。悪疫退散のため、上人自ら御仏を車に安置して市中を曳き回った。（参拝自由・令和館有料）
　六波羅一帯は、かつて平家一門の館が立ち並び、鎌倉時代には六波羅探題が置かれていた。

目的地	参照頁	乗り場	待ち時分	アクセスと下車バス停 ※太字は1時間に4便以上（昼間）	乗車時分
京都駅	18	❶❹	5・15～	**206**・86・106で京都駅前市バス降り場	16～
		❾❻	7・7	EX100・EX101（❻のみ）（土休日運行）で京都駅前	15・10
東・西本願寺	20	❶❹	5	**206**で烏丸七条⓫・七条堀川❺	11～・23～
京都水族館	22	❶❹	15・5	86・**206**で七条大宮・京都鉄道博物館前（206はこのバス停のみ）、梅小路公園・京都鉄道博物館前バス停	25～、30～
東寺		❶❹	5・6	**207・202**で九条大宮❼（市バス202は九条大宮❺のみ）・東寺東門前❸	21～28
四条河原町	24	❸❼	5・10～	**207**・80、58（土休日運行）で四条河原町❻（80は❸）	9～11
四条烏丸	26	❸❼	5、15	**207**、58（土休日運行）で四条高倉㉒・四条烏丸❻（58は❹）	13～・16～
四条大宮・壬生寺	28	❸❼	5	**207**で四条大宮	22・23
河原町三条	30			四条河原町（P24）から北へ徒歩7分	
京都御所	32	❸❼	6	**202**で烏丸丸太町	21・22
下鴨神社	34	❸❼	5＋4～	四条河原町（P24）継**205**・4・特4で下鴨神社前❷	10～＋17
		❽❼	6＋4～	**202**で河原町丸太町（P.32・P.82）継**205**・4・特4で下鴨神社前❷	17～＋11
西陣	36	❸❽❼	6～＋6～	祇園（P46）継**201**・12で堀川今出川各バス停	4～＋25～
二条城	38	❽❼	6	**202**で堀川丸太町	25・26
東福寺	40	❶❹	5・6～	**207・202**、58（土休日運行）で泉涌寺道❷・東福寺❹	7～11
三十三間堂	42	❶❹	5・15～	**206**・86・106で博物館三十三間堂前	7～・5～
		❶❹	5・6～	**207・202**、58（土休日運行）で東山七条❸	5・4
祇園八坂神社	46	❼	7	EX100（土休日運行）で祇園❺	3
		❸❼	15・5	80・**207**で祇園❷	5・6
		❽❼	6・5・15	**202・206**・86・106、京都バス臨で祇園❺	4～6
知恩院・青蓮院東山三条	48	❽❼	6・5・15	**202・206**・86・106、京都バス臨で知恩院前バス停、東山三条❹（106は❼）	7～10
平安神宮	50	❼	7	EX100（土休日）で岡崎公園 美術館・平安神宮前❷	8
		❽❼	6・5、15	**202・206**、京都バス臨東山で東山二条・岡崎公園口⓮、86で岡崎公園 美術館・平安神宮前❷	11。16
南禅寺永観堂銀閣寺	52 54	❼	7	EX100（土休日運行）で銀閣寺前❶	14
		❽❼	6＋5。15	東山三条（P48）継5で南禅寺・永観堂道❷、銀閣寺道❸。105（土休日運行）で東天王町❹・銀閣寺前❶	7～＋8、13。7～＋10・16
		❽❼	6～＋4	東山三条（P48）継東山駅から地下鉄東西線〔上り〕蹴上駅（南禅寺最寄り）	7～＋2
詩仙堂・曼殊院	56	❽❼	6～＋5	東山三条（P48）継5で一乗寺下り松町❹・一乗寺清水町❷	7～＋21・23
大徳寺	60	❽❼	5	**206**で大徳寺前❷	45・46
北野天満宮	62	❽❼	5～＋6～	**206**、京都バス臨で百万遍（P6.P82）継**203**、102（土休日運行）で北野天満宮前❻	19～＋20
金閣寺	64	❽❼	4～＋6	**202・206**、京都バス臨で熊野神社前（P50）継**204**で金閣寺道❸	13～＋30
龍安寺		❽❼	6＋7	**202**で河原町丸太町（P82）継59で龍安寺前❷	17～＋34
仁和寺	66	❽❼	6＋7～	**202**で河原町丸太町（P.32・P.82）継10・59で御室仁和寺❹	17～＋32・38
妙心寺		❽❼	6～＋10	熊野神社前（P50）継93で妙心寺前❾	13～＋25
東映太秦映画村	68	❽❼	6～＋10	熊野神社前継93で太秦映画村道	13～＋30
広隆寺・映画村		❽❼	5～＋10	四条河原町（P24）継11で太秦広隆寺前❻	10～＋33
嵐山	70	❽❼	5～＋10	四条河原町継11で嵐山天龍寺前❷	10～＋44
大覚寺	72	❽❼	5＋10	**207**で四条烏丸（P26）継91で大覚寺❶	16＋46
松尾大社	74	❸❼	5＋20	四条烏丸❷9で松尾大社前❶	16＋30
伏見稲荷	76	❶❹	4～＋30	京都駅前（P18）継南5で稲荷大社前❶	15＋16
伏見桃山	77	❶❹	5～＋15～	**207・202**で地下鉄九条駅前（大石橋）（巻頭路線図E.P83）継81・特81で京橋❸	11～＋25～

よみかた 音羽の滝　錦雲渓　時雨亭　霊屋　六道珍皇寺　霊山　建仁寺　金毘羅

祇園・八坂神社
ぎおん・やさかじんじゃ

❶～❸❺祇園

あんじょうお行きやす、ぎをんさん

7月の**祇園祭**で有名な**八坂神社**。ハイライトは16日「**宵山**」と17日「**山鉾巡行**」であるが、「後の祭り」とはこれに由来するらしい。厄除け、商売の神として京都の人に親しまれている。（参拝自由）大晦日の夜、四条通は「**をけら参り**」の参拝客で賑わう。吉兆縄に移された「をけら火」を、クルクル回しながら持ち帰るのだ。

辰巳大明神と白川に架かる**新橋・巽橋**あたりは、昔ながらのお茶屋や料亭が軒を連ね、花街情緒が満喫できる。黄昏時にはお座敷に急ぐ舞妓さんや芸妓さんを見かけることができる。（祇園新橋伝統的建造物群保存地区）

目的地	参照頁	乗り場	待ち時分	アクセスと下車バス停 ※太字は1時間に4便以上(昼間)	乗車時分
京都駅 京都水族館	18	❶	7・4・15	EX100(土休日運行)、**206・86・106**で京都駅前(86は、梅小路公園・京都鉄道博物館前バス停も)	15、18～・ (29～)
東・西本願寺	20	❶	5	**206**で烏丸七条⓫・七条堀川❺	17・29
東　寺	22	❶	5	**207**で東寺東門前❸	25
		❶	6	**202**で九条大宮❺	24
四条河原町	24	❷	2～	**12・31・46、58**(土休日運行)、**80・201・203・207**、京阪バスで四条河原町各バス停	4
四条高倉 四条烏丸	26	❷	2～	**12・31・46、58**(土休日運行)、**201・203・207**、京阪バスで四条高倉㉒・四条烏丸各バス停	8～11
四条大宮 壬生寺	28	❷	6	**203**で壬生寺道⓲	18
		❷	4～	**46・201・203・207**で四条大宮バス停	16～17
河原町三条	30			四条河原町(P24)から北へ徒歩7分	
京都御所	32	❺	6	**201**で烏丸今出川❶	21
		❺	6	**202**で烏丸丸太町❽	16
下鴨神社	34	❷	5～+4～	四条河原町(P24)㉖**205・4・特4**で下鴨神社前❷	4～+17
西陣	36	❷	8	**12**で堀川今出川❼	30
		❺	6	**201**で堀川今出川❹	25
二条城	38	❷	8	**12**で二条城前❻	20
東福寺・泉涌寺	40	❶	5・6・2	**207・202**、58(土休日運行)で泉涌寺道❷・東福寺❹	13・16
三十三間堂	42	❶	5・6・2	**207・202**、58(土休日運行)で東山七条❸	10
		❶	4・15～	**206・86・106**で博物館三十三間堂前❷	10・9
清水寺	44	❶	7	EX100(土休日運行)で清水道❾	3
		❶	2～	**206・207・202**、58(土休日運行)・**86・106**で清水道❾	3～4
平安神宮	50	❺	8、7、15	46で岡崎公園 ロームシアター京都・みやこめっせ前❹・岡崎公園 美術館・平安神宮前❶、EX100(土休日運行)で同❷、86で同❶	8～、5～
		❺	6	**203**で東天王町❷	12
南禅寺・永観堂	52		2～+4	**201・202・203・206・31・46・86**、京都バス臨で東山三条❹㉖東山駅から地下鉄東西線〔上り〕で蹴上駅	4+2
銀閣寺	54	❺	6、7	**203**で銀閣寺道❹、EX100(土休日運行)で銀閣寺前❶	18、11
詩仙堂・曼殊院	56	❺	30	31で一乗寺清水町❷	26
上賀茂神社	58	❷	8	46で上賀茂神社前(御薗口町)❸	51
大徳寺	60	❷	8	**12**で大徳寺前❷	36
		❷	5	**206**で大徳寺前❶	40
北野天満宮	62	❷	6	**203**(時計まわり)で北野天満宮前❶	37
		❺	6	**203**(反時計まわり)で北野天満宮前❷	42
金閣寺	64	❷	8	**12**で金閣寺道❶	42
龍安寺		❺	6+7	**202**で河原町丸太町(P32,P82)㉖59で龍安寺前❷	12+34
仁和寺	66	❺	6+7～	河原町丸太町(P82)㉖10・59で御室仁和寺❹	12+32・38
妙心寺		❺	6～+10	**202・206**、京都バス臨で熊野神社前(P50)㉖93で妙心寺前❾	8～+25
東映太秦映画村	68	❺	6～+10	熊野神社前(P50)㉖93で太秦映画村道❷	8～+36
広隆寺・映画村		❷	6～+10	四条河原町(P24)㉖11で太秦広隆寺前❻	4～+33
嵐山	70	❷	5～+10	四条河原町㉖11で嵐山天龍寺前❷	4～+44
嵯峨野・大覚寺	72	❷	5～+10	四条烏丸(P26)㉖91で大覚寺❶	10～+46
高雄	79	❷	5～+10	四条烏丸㉖8で高雄❸・栂ノ尾❻	10～+50・52
松尾大社	74	❷	5～+20	四条烏丸㉖29で松尾大社前❷	10～+30
伏見稲荷	76	❶	4～+30	京都駅前(P18)㉖南5で稲荷大社前❶	20～+16
伏見桃山	77	❶	4～+15～	**207・202**で地下鉄九条駅前(大石橋)(巻頭路線図E,P83)㉖81・特81で京阪中書島❸	17+25～

よみかた　一力亭　切り通し　西楼門　花見小路　縄手　古門前通　目疾地蔵　新門前通

知恩院・青蓮院
ちおんいん・しょうれんいん

❶～❹・❼東山三条
（地下鉄東山駅）

あんじょうお行きやす、円山公園

円山公園は東山をバックに敷地約10万m²を誇る小川治兵衛作の回遊式庭園。春には枝垂桜目当てに花見客が集まる。園内には**坂本龍馬・中岡慎太郎の銅像**などがあり、有名な料亭が軒を連ねる。

除夜の鐘と日本最大の**三門**で有名な**知恩院**は、浄土宗の総本山。**男坂**、**女人坂**という坂を経て広大な境内へと向かう。（参拝自由・庭園有料）

南行5系統は四条通・五条通経由に分かれ烏丸五条で合流。特記のない場合は両系統乗車可能。

目的地	参照頁	乗り場	待ち時分	アクセスと下車バス停 ※太字は1時間に4便以上(昼間)	乗車時分
京都駅 京都水族館	18	❷	5	**206**で京都駅前	24
		❸	5、15、15	**5**・**86**、105(土休日運行)で京都駅前、86は京都駅前バス停、梅小路公園・京都鉄道博物館前バス停	25、30、46
		地東山駅	4+4	地下鉄東西線〔下り〕で烏丸御池駅⇒地下鉄烏丸線〔下り〕で京都駅	5+6
東・西本願寺	20	❷	5	**206**で烏丸七条❶・七条堀川❺	21・30
		❸	5、15	**5**、105(土休日運行)で烏丸七条❾	24、24
東　　寺	22	❷	6	**202**で九条大宮❶	29
四条河原町	24	❷	3～	**12**・**31**・**46**・**201**・**203**で四条河原町❻	8～9
		❸	5、15	**5**(五条通経由)、105(土休日運行)で四条河原町❶(5の四条通経由は❻)	9、10
四条高倉 四条烏丸	26	❷	4～	**12**・**31**・**46**・**201**・**203**で四条高倉㉒・四条烏丸❻(31は❿・203は❼)	12～15
		❸	10	**5**(四条通経由)で四条高倉㉒・四条烏丸❹	14・17
四条大宮・壬生寺	28	❷	3～	**46**・**201**・**203**で四条大宮バス停、壬生寺道⓲(203のみ)	20～22
河原町三条	30	❸	5、15	**5**、105(土休日)で河原町三条❸	8、8
京都御所	32	❹	6	**201**で烏丸今出川❶	17
		❹	6	**202**で烏丸丸太町❽	12
		地東山駅	4+4	地下鉄東西線〔下り〕で烏丸御池駅⇒地下鉄烏丸線〔上り〕で丸太町駅・今出川駅	5+2・8
下鴨神社	34	❹	6	**201**で出町柳駅前バス停	11
		❹	6+4～	**202**で河原町丸太町(P32.P82)⇒205・4・特4で下鴨神社前❷	8+11
西　　陣	36	❹	6	**201**で堀川今出川❶	21
二条城		地東山駅	4	地下鉄東西線〔下り〕で二条城前駅・二条駅	7・9
東福寺・泉涌寺	40	❷	6	**202**で泉涌寺道❶・東福寺❹	17・19
三十三間堂	42	❷❸	5・15	**206**(❷)・**86**(❸)で博物館三十三間堂❷	14・16
		❷	6	**202**で東山七条❹	14
清水寺	44	❷	5・6	**206**・**202**で清水道❶	8
平安神宮	50	❶	5	**5**で岡崎公園 美術館・平安神宮前❷	4
		❹	8・15	**46**・**86**で上記❶(46は岡崎公園 ロームシアター京都・みやこめっせ前❹・同 美術館・平安神宮前❶、86は❶のみ)	5～・8～
南禅寺・永観堂	52	❶	5	**5**で南禅寺・永観堂道❶	7
		地東山駅	4	地下鉄東西線〔上り〕で蹴上駅	2
銀閣寺	54	❶	5、15	**5**、105(土休日)で銀閣寺道❹(105は銀閣寺前❶)	15、16
		❹	6	**203**で銀閣寺前❹	14
詩仙堂・曼殊院	56	❶	5	**5**で一乗寺下り松町❹・一乗寺清水町❷	21・23
上賀茂神社	58	❷	8	**46**で上賀茂神社前❶	56
大徳寺	60	❹	5	**206**で大徳寺前❷	38
北野天満宮	62	❹	6	**203**で北野天満宮前❶	38
金閣寺	64	❹	8	**12**で金閣寺道❶	46
龍安寺 仁和寺	66	❹	6+7	**202**で河原町丸太町(P32.P82)⇒59で龍安寺前❷・御室仁和寺❹	8+34・38
		地東山駅	4+7	地下鉄東西線〔下り〕で三条京阪駅⇒三条京阪前から市バス59で金閣寺道❶・立命館大学前❽・龍安寺前❷・御室仁和寺❹	2+35・40・41・45
妙心寺・仁和寺		❷	6+10	河原町丸太町⇒10で妙心寺北門前❼・御室仁和寺❹	8+32・38
妙心寺		❹	4～+10	**201**・**202**・**206**、京都バス臨で熊野神社前(P50)⇒93で妙心寺前❶	4～+25
東映太秦映画村	68	❹	4～+10	熊野神社前(P50)⇒93で太秦映画村道❷	4～+30
広隆寺		❷❸	6+10	四条河原町(P24)⇒11で太秦広隆寺前❻	8+33
		地東山駅	4+10	地下鉄東西線〔下り〕で三条京阪駅⇒三条京阪前から市バス11で太秦広隆寺前❻	2+41
嵐山	70	❷❸	5～+10	四条河原町⇒11で嵐山天龍寺前❷	8～+44
		❹	6+10	熊野神社前(P50)⇒93で嵐山天龍寺前❷	4+47
大覚寺	72	❷❸	4～+10	四条烏丸(P26)⇒91で大覚寺❶	14～+46
松尾大社	74	❷❸	4～+20	四条烏丸⇒29で松尾大社前❶	14～+30
伏見稲荷	76	❷❸	4～+30	京都駅前(P18)⇒南5等で稲荷大社前❶	24～+16
伏見桃山	77	❷❸	6+15～	⇒で地下鉄九条駅前(大石橋)(P82)⇒81・特81で京橋❸	21+25～

よみかた　長楽寺(ちょうらくじ)　円山公園(まるやまこうえん)　勢至堂(せいしどう)　権現堂(ごんげんどう)　濡髪堂(ぬれがみどう)　華頂通(かちょうどおり)　枝垂桜(しだれざくら)　山鉾(やまほこ)

平安神宮
へいあんじんぐう

❶❷岡崎公園 美術館・平安神宮前
❸❹岡崎公園 ロームシアター京都・みやこめっせ前
⓭⓮東山二条・岡崎公園口
⓯⓰岡崎道

あんじょうお行きやす、岡崎公園

平安神宮は、平安遷都1100年を記念して建立。平安京の御殿を縮小再現し、雅やかな宮廷文化を思わせる。6月1日・2日の**京都薪能**、10月22日の**時代祭**も見応えがあり。神苑は小川治兵衛の作庭。（参拝自由・神苑有料）

京都伝統産業ミュージアムでは、京都の多彩な伝統工芸品を一堂に集め、紹介している。（入館無料）

南行5系統は四条通・五条通経由に分かれ烏丸五条で合流。特記のない場合は両系統乗車可能。

目的地	参照頁	乗り場	待ち時分	アクセスと下車バス停 ※太字は1時間に4便以上（昼間）	乗車時分
京都駅	18	❶	5・15・7	**5**・**86**、EX100(土休日運行)で京都駅前、(86は梅小路公園・京都鉄道博物館前バス停も)	29・30、23(36)
東本願寺	20	❶	5	**5**で烏丸七条❾	32
西本願寺	20	❶	8+5	**46**で四条堀川(P28)継❾で西本願寺前❶	23+4
		❸	15+5	**32**で四条堀川継❾で西本願寺前❶	22+4
東寺	22	⓭	6	**202**で九条大宮❺	33
四条河原町	24	❶	5・8、15	**5**・**46**、105(土休日運行)で四条河原町❶(5の五条通経由と105、5の四条通経由と46は❻)	13・13・14
		❸	15	**32**で四条河原町❻	12
四条高倉 四条烏丸	26	❶	10・8	**5**(四条通経由)・**46**で四条高倉㉒・四条烏丸❹(46は❻)	17・19
		❸	15	**32**で四条烏丸❻	18
四条大宮 壬生寺	28	❶	8	**46**で四条大宮❻	25
		❸	15	**32**で四条大宮❸	24
河原町三条	30	❶	5、15	**5**、105(土休日運行)で河原町三条❸	11、12
		❸	15	**32**で河原町三条❹	9
京都御所	32	⓰	6・10	**204**・**93**で烏丸丸太町❽	10
		⓮	6	**202**で烏丸丸太町❽	10
下鴨神社	34	⓮	6	**201**で出町柳駅前バス停	9
		⓰	6～+4～	**204**・**93**で河原町丸太町(P32.P82)継**205**・**4**・**特4**で下鴨神社前❷	6+11
西陣	36	⓮	6	**201**で堀川今出川❹	19
二条城	38	⓰	6・10	**204**・**93**で堀川丸太町❷	14
東福寺・泉涌寺	40	⓭	6	**202**で泉涌寺道❷・東福寺❹	19・21
清水寺 三十三間堂	44・42	❶	7、15	EX100(土休日運行)で清水道❾のみ、**86**で清水道❶・博物館三十三間堂前❷	8、11・18
		⓭	5	**206**で清水道❶・博物館三十三館堂前❷	10・16
祇園	46	❶	8、7	**46**、EX100(土休日運行)で祇園❷(EX100は❶)	8、5
知恩院 青蓮院	48	❶	8・15、15	**46**・**86**、105(土休日運行)で東山三条❷(86・105は東山三条❸)	4～
南禅寺・永観堂	52	❷	5	**5**で南禅寺・永観堂道❷	3
銀閣寺	54	❷	5、7・15	**5**、EX100・105(土休日運行)で銀閣寺道❸(EX100・105は銀閣寺前❶)	11、6・12
		❹	10	**32**で銀閣寺前❶	12
詩仙堂・曼殊院	56	❷	5	**5**で一乗寺下り松町❹・一乗寺清水町❷	17・19
		⓮	30	31で一乗寺清水町❷	20
上賀茂神社	58	❶	8	**46**で上賀茂神社前❶	60
大徳寺	60	⓮	5	**206**で大徳寺前❷	33
北野天満宮	62	⓮	6	**203**で北野天満宮❷	36
金閣寺	64	⓰	6	**204**で金閣寺道❸	32
龍安寺	66	⓰	6～+7	**204**・**93**で河原町丸太町(P32.P82)継**59**で龍安寺前❷	6+34
仁和寺	66	⓰	6～+10	**204**・**93**で西ノ京円町(P82)継**26**で御室仁和寺❹	23+12
妙心寺		⓰	10	**93**で妙心寺前❶	28
太秦映画村	68	⓰	10	**93**で太秦映画村道❷	31
広隆寺・映画村	68	❶❸	5～+10	四条河原町(P24)継**11**で太秦広隆寺前❻	12～+33
嵐山	70	⓰	10	**93**で嵐山天龍寺前❷	49
嵯峨野	72	⓰	10	**93**で嵯峨瀬戸川町❿	44
松尾大社	74	❶❸	10+20	四条烏丸(P26)継**29**で松尾大社前❷	18～+30
伏見稲荷	76	❶	5～+30	京都駅前(P18)継**南5**等で稲荷大社前❶	28～+16
伏見桃山	77	❶	5～+15～	京都駅前継**81**・**特81**で京橋❸	28～+33～

よみかた 仁王門（におうもん） 冷泉通（れいぜいどおり） 疏水（そすい） 三条広道（さんじょうひろみち） 神苑（しんえん） 大極殿（だいごくでん） 白虎楼（びゃっころう）

南禅寺・永観堂
なんぜんじ・えいかんどう

❶❷南禅寺・永観堂道
❸〜❻東天王町

あんじょうお行きやす、琵琶湖疏水

　明治の大事業であった琵琶湖疏水。蹴上発電所は日本最初の事業水力発電所であり、現在も稼動を続けている。**インクライン**は高低差のある蹴上と南禅寺の舟だまりの間を結び、艇架台で舟を運ぶ施設で、現在は桜の名所でもある。

　琵琶湖疏水記念館には、疏水建設当時の図面や絵図、先人の気概や工事の苦労を偲ばせる多くの資料を展示。（入館無料）

　南禅寺は臨済宗南禅寺派の本山で、室町時代には「五山之上」に列せられた。三門は歌舞伎「楼門五三桐」の石川五右衛門の名台詞、「絶景かな、絶景かな」で有名。境内の**水路閣**は、琵琶湖疏水事業で施工された煉瓦造の疏水橋。見た目も美しいアーチ構造だ。（境内自由・方丈、三門入場有料）

銀閣寺から若王子に至る、疏水分流沿いの小径が「**哲学の道**」。**熊野若王子神社**は、京都三熊野のひとつで紅葉の名所。（参拝自由）

大豊神社は鹿ケ谷の産土神。狛犬ならぬ狛ネズミ、狛サル、狛トビなどが面白い。（参拝自由）

法然院は法然の草庵跡。（境内自由・本坊は通常非公開）

目的地	参照頁	乗り場	待ち時分	アクセスと下車バス停 ※太字は1時間に4便以上（昼間）	乗車時分
京都駅	18	❶	5	**5**で烏丸七条❾・京都駅前市バス降り場	30・34
東本願寺	20	❺	15	105（土休日運行）で烏丸七条❾・京都駅前	34・38
		地蹴上駅	4+4	東西線〔下り〕烏丸御池駅継地下鉄烏丸線〔下り〕で京都駅	7+6
西本願寺		❶	5+5	**5**で東山三条(P48)継**206**で七条堀川❹	8+33
		地蹴上駅	4+6	東西線〔下り〕二条城前駅継**9**で西本願寺前❶	9+11
京都水族館	22	❶	5+15	**5**で京都駅前継**86**等	34+10
東寺		❶	5+6	**5**で東山三条継**202**で九条大宮❺	8+29
		地蹴上駅	4+4+30	上記地下鉄東西線継烏丸線で京都駅継	7+5+8
四条河原町	24	❶	5	**5**で四条河原町❻（五条通経由は❶）	19
四条高倉	26	❺	6・15、15	**203**・**32**、105（土休日運行）で四条河原町❻（105は❶のみ）・四条高倉㉒、四条烏丸❼（**32**は❻）	17・20、23
四条烏丸		❶	10	**5**（四条通経由）で四条高倉㉒・四条烏丸❹	21・23
四条大宮・壬生寺	28	❺	6・15	**203**・**32**で四条大宮バス停、壬生寺道⓲（**203**のみ）	28〜・30
河原町三条	30	❶	5	**5**で河原町三条❸❻から**32**、105（土休日運行）も）	16・14、18
京都御所	32	❶	6・10	**204**・**93**で烏丸丸太町❽	12
		❻	6	**203**で烏丸今出川❸	19
		❻	6	**203**で出町柳駅前バス停	13
下鴨神社	34	❻	6〜+4〜	**204**・**93**で河原町丸太町(P32,P82)継**205**・**4**・特**4**で下鴨神社前❷	8+10
西陣	36	❻	6	**203**で堀川今出川	27
二条城	38	❺	6・10	**204**・**93**で堀川丸太町❷	16
		地蹴上駅	4	地下鉄東西線〔下り〕で二条城前駅・二条駅	9・11
東福寺・泉涌寺	40	❶	5+6	**5**で東山三条(P48)継**202**で泉涌寺道❷・東福寺❶	8+16〜
三十三間堂・清水寺	42・44	❶	5+6	**5**で東山三条(P48)継**202**で清水道❶、東山七条❸	8+10、15
祇園	46	❺	6	**203**で祇園❷	12
知恩院・青蓮院	48	❶	5	**5**で東山三条❸	8
		地蹴上駅	4	地下鉄東西線〔下り〕で東山駅	2
平安神宮	50	❶	5	**5**で岡崎公園 美術館・平安神宮前	4
銀閣寺	54	❷	5	**5**で銀閣寺道❶	8
		❹	15	105（土休日運行）で銀閣寺前❶	6
詩仙堂・曼殊院	56	❷❻	5	**5**で一乗寺下り松町❹・一乗寺清水町❷	12〜16
上賀茂神社	58	❻	6+6	**203**で堀川今出川(P36)継**9**で上賀茂御薗橋❺	23+13
大徳寺	60	❻	6	**204**で大徳寺前❶	34
北野天満宮	62	❻	6	**203**で北野天満宮前❷	30
金閣寺	64	❺	6	**204**で金閣寺道❸	34
龍安寺		❺	6〜+7	**204**・**93**で河原町丸太町(P82)継**59**で龍安寺前❷	8+34
仁和寺	66	❺	6〜+10	**204**・**93**で西ノ京円町(巻頭路線図B,P82)継**26**で御室仁和寺❶	25+12
妙心寺		❺	10	**93**で妙心寺前❾	30
東映太秦映画村	68	❺	10	**93**で太秦映画村道❷	33
広隆寺		❶	5+10	**5**で三条京阪前継**11**で太秦広隆寺前❻	11+41
嵐山	70	❺	10	**93**で嵐山天龍寺前❷	51
嵯峨野	72	❺	10	**93**で嵯峨瀬戸川町⓾	46
松尾大社	74	❶	5+20	四条烏丸(P26)継**29**で松尾大社前❷	23+30
伏見稲荷	76	❶	5+30	京都駅前(P18)継南**5**等で稲荷大社前❶	34+16
伏見桃山	77	❶	5+15〜	京都駅前継**81**・特**81**で京橋	34+33〜

よみかた 鹿ケ谷（ししがたに）　天王町（てんのうちょう）　若王子（にゃくおうじ）　法勝寺（ほっしょうじ）　蹴上（けあげ）　法堂（はっとう）　放生池（ほうじょうち）　金地院（こんちいん）　粟田（あわた）

銀閣寺
ぎんかくじ

❶銀閣寺前
❷〜❻銀閣寺道

あんじょうお行きやす 「熊野若王子神社」 「大豊神社」 「金戒光明寺」

南行5系統は四条通・五条通経由に分かれ烏丸五条で合流。特記のない場合は両系統乗車可能。

目的地	参照頁	乗り場	待ち時分	アクセスと下車バス停 ※太字は1時間に4便以上(昼間)	乗車時分
京都駅	18	❶❷	7・15、5	EX100・105(土休日運行)、5(❷のみ)で京都駅前市バス降り場	31・45、39
		❹	6	7で京都駅前市バス降り場	35
西本願寺	20	❷	6~+6	203・32で四条堀川(P28)乗継9で西本願寺前❶	29~+4
東寺		❶❷	5~+5	祇園(P46)乗継207で東寺東門前❸	11~+27~
四条河原町	24	❶❷	15、15	32、105(土休日運行)で四条河原町❻(105は❸)	22~、25~
		❷	6・5	203・5で四条河原町❻・5の五条通経由は❶	21・23
		❹	6	7で四条河原町	21
四条烏丸	26	❶❷	15	32で四条烏丸❻	30・28
		❷	6・10	203・5(四条通経由)で四条烏丸❹(203は❼)	27・29
四条大宮 壬生寺	28	❶❷	15	32で四条大宮❸	36・34
		❷	6	203で四条大宮❷・壬生寺道⓲	33・34
河原町三条	30	❶❷	15、15	32、105(土休日)で河原町三条❹(105は❸)	21・19
		❷	5	5で河原町三条	20
		❹	6	7で河原町三条	18
京都御所	32	❹	6、15	203、102(土休日運行)で烏丸今出川❸	13、15
下鴨神社	34	❹	6~、15	7・203、102(土休日運行)で出町柳駅前バス停	7、9
西陣	36	❹	6、15	203、102(土休日運行)で堀川今出川❹	17、18
二条城	38	❷	15	204で堀川丸太町	21
東福寺・泉涌寺	40	❶❷	6~+5	祇園(P46)乗継207で泉涌寺道❷・東福寺❹	11~+12~
三十三間堂	42	❶❷	6~+5	祇園(P46)乗継207で清水道❶・東山七条❸	11~+4・10
清水寺	44	❶❷	7	EX100(土休日運行)で清水道❾	17・14
祇園	46	❷	6	203で祇園❶	17
八坂神社		❶❷	7	EX100(土休日運行)で祇園❶	14・11
知恩院 青蓮院	48	❷	6	203で東山三条❷・知恩院前バス停	13・15
		❷	5、15	5、105(❶からも、土休日運行)で東山三条❸	14、15~
平安神宮	50	❷	5	5で岡崎公園 美術館・平安神宮前❶	10
		❶❷	15、7・15	32、EX100・105(土休日運行)で岡崎公園 ロームシアター京都・みやこめっせ前❸、100・105は上記❶	10~、6~・11~
南禅寺	52	❷	5	5で南禅寺・永観堂道❶	6
詩仙堂・曼殊院	56	❸	5	5で一乗寺下り松町❹・一乗寺清水町❷	6・8
上賀茂神社	58	❸	6+10	204で北大路BT乗継北3で御園口町❸	23+8
大徳寺	60	❷		204で大徳寺前❷	28
北野天満宮 金閣寺	62 64	❹	6、15	203、102(土休日運行)で北野天満宮前❷、金閣寺道❸(102のみ)	24、27
		❸	6	204で金閣寺道❷	34
龍安寺 仁和寺	66	❸	6+7	7で河原町今出川(P34)乗継59で龍安寺前❷・御室仁和寺❹	9+29・33
妙心寺		❶❷	15、5+10	102(土休日運行)、5(❷からのみ)で東天王町(P52)乗継93で妙心寺前❾	4~+29
高雄	66 79	❹	6+30	203で北野白梅町(P62,P81)乗継JRバスで龍安寺前❷・御室仁和寺、高雄❺・栂ノ尾❻	23~+7~、25~~
東映太秦映画村	68	❶❷	5+10	上記東天王町❷乗継93で太秦映画村道❸	4~+34
嵯峨野 嵐山	72・70	❶❷	5+10	東天王町(P52)乗継93で嵯峨瀬戸川町⓾・嵐山天龍寺前	4~+46・51
松尾大社	74	❷	6+20	203等で四条烏丸(P26)乗継29で松尾大社前❷	27~+29

よみかた 南田町(みなみだちょう) 神楽岡(かぐらおか) 真如堂(しんにょどう) 泉屋博古館(せんおくはっこかん) 金戒光明寺(こんかいこうみょうじ) 白沙村荘(はくさそんそう)

詩仙堂・曼殊院
しせんどう　まんしゅいん

❶❷一乗寺清水町
❸❹一乗寺下り松町
❺❻❼❽修学院駅前

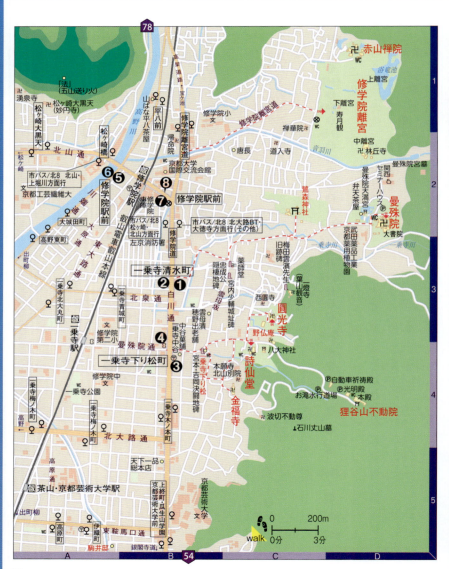

南行5系統は四条通・五条通経由に分かれ烏丸五条で合流。特記のない場合は両系統乗車可能。

目的地	参照頁	乗り場	待ち時分	アクセスと下車バス停 ※太字は1時間に4便以上(昼間)	乗車時分
京都駅 東・西本願寺	18 20	❶❸	5	**5**で烏丸七条❾・京都駅前市バス降り場	42～47
		❶❸	5+7	**5**で銀閣寺道❷EX100(土休日運行)で京都駅前	9～+29
		❷❹	15+6	北8で上堀川(P60)🚌9(南行)で西本願寺前❶	17～+29
京都水族館 東寺	22	❶❸	5～ +10、 15	**5**で四条河原町(P24)🚌**207**で七条大宮・京都水族館前バス停、東寺東門前❷	31～+ 16～、18～
四条河原町 四条高倉 四条烏丸	24 26	❶	30	31で四条河原町❻・四条高倉㉒・四条烏丸❿	31・35・37
		❶❸	5・5	**5**で四条河原町❻(五条通経由は❶)、四条高倉㉒・四条烏丸❹(四条通経由のみ)	32～39
		❼	30	65で四条烏丸⓬	36
四条大宮 壬生寺	28	❶❸	5+3～	**5**で四条河原町(P24)🚌**3・11・32・46・201・203・207**で四条大宮各バス停	31+4～
河原町三条	30	❶❸	5	**5**で河原町三条❷	29・30
京都御所	32	❼	30	65で烏丸丸太町❽	30
下鴨神社	34	❺	10～	京都バス16・17・特17・21・41で出町柳駅前❷	10
西陣	36	❷❹	15+6	北8で上堀川(P60)🚌9(南行)で堀川寺ノ内❶・堀川今出川❺	22～30
二条城	38	❶❸	5+6	**5**で錦林車庫前(P54)🚌**204**で堀川丸太町❷	12～+20
東福寺	40	❶	30+6	31で祇園(P46)🚌**207**で泉涌寺❷・東福寺❹	22～+12～
三十三間堂 清水寺	42 44	❶❸	5・ 30+4～	**5・31**(❶乗り場のみ)で東山三条(P48)🚌**206**等で清水道❶・博物館三十三間堂前❷	22～+8～、 14～
祇園 八坂神社	46	❶	30	31で祇園❷	26
		❶❸	5+4～	**5**で東山三条🚌**206**等で祇園❶	22～+4
知恩院 青蓮院	48	❶	30	31で東山三条❷・知恩院前❺	22・24
		❶❸	5	**5**で東山三条❷	23～
平安神宮	50	❶	30	31で熊野神社前❼、東山二条・岡崎公園口⓭	18・20
		❼	30	65で熊野神社前❿	18
		❶❸	5	**5**で岡崎公園 美術館・平安神宮前❶	20～
南禅寺	52	❶❸	5	**5**で東天王町❸・南禅寺・永観堂道❶	14～16
銀閣寺	54	❶❸	5	**5**で銀閣寺道❷	9・10
上賀茂神社	58	❷❹	15+6	北8で上堀川(P60)🚌9(北行)で上賀茂御薗橋❺	17～+4
大徳寺	60	❶❸	15	北8で大徳寺前❷・千本北大路❺	31～・27～
北野天満宮	62	❶❸	5+5～	**5**で銀閣寺道(P54)🚌**203**、102(土休日運行)で北野天満宮・北野白梅町バス停	9～+29～
金閣寺	64	❷❹	15+4～	北8で千本北大路(P60.P81)🚌**205・204・12・59**(西行)で金閣寺道❷(12・59は❶)	27～+3～
等持院	64	❷❹	15+8・7	北8で千本北大路🚌**12・59**(西行)で立命館大学前❽	27～+7
龍安寺 仁和寺	66	❷❹	15+7	北8で千本北大路**59**(西行)で龍安寺前❷・御室仁和寺❹	27～+8・12
妙心寺		❶❸	5+10	**5**で錦林車庫前(P54)🚌**93**で妙心寺前❾	12～+31
広隆寺・映画村	68	❶❸	5+10	**5**で錦林車庫前🚌**93**で太秦映画村道❷	12～+36
嵐山 嵯峨野	70 72	❶❸	5+10	**5**で錦林車庫前(P54)🚌**93**で嵯峨瀬戸川町❿・嵐山天龍寺前❷	12～+48・53

よみかた 赤山禅院 修学院離宮 鷺森神社 雲母漬 白川通 一乗寺清水町・下り松町 叡電鞍馬線 金福寺

上賀茂神社
かみがもじんじゃ

❶ 上賀茂神社前
❷❸ 御薗口町（上賀茂神社前）
❹❺ 上賀茂御薗橋

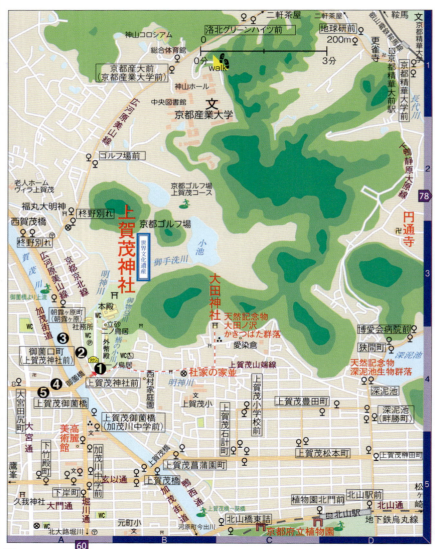

あんじょうお行きやす、社家の町

上賀茂神社の祭事では、葵祭(5月15日)、烏相撲(9月9日)が名高い。境内を流れる川に沿い、神官の屋敷であった社家の町が並ぶ。(参拝自由)

大田神社の「大田ノ沢」は5月に咲くカキツバタの群生地として有名で、天然記念物。(カキツバタ育成協力金)氷河期以来の動植物が生息する深泥池も同じく天然記念物。

目的地	参照頁	乗り場	待ち時分	アクセスと下車バス停 ※太字は1時間に4便以上(昼間)	乗車時分
京 都 駅	18	❶	10	4・特4(左京区総合庁舎経由)で京都駅前市バス降り場	50
		❹	6	9で同上降り場	39
東 本 願 寺	20	❶	10+4	4・特4で北山駅前(P58)🚇地下鉄烏丸線(下り)で五条駅・京都駅	13〜+13・15
西 本 願 寺	20	❹	6	9で西本願寺前❶	32
京都水族館 東 寺	22	❶	6+5	9で四条堀川(P28)🚇207で七条大宮・京都水族館前バス停、東寺西門前❷	28+10、12
四条河原町	24	❶	10・8	4・特4(左京区総合庁舎経由)・46で四条河原町❶(市バス46は❹)	39・46
四 条 烏 丸	26	❶	8	46で四条烏丸❶・四条高倉㉑	40・42
四 条 大 宮	28	❶	8	46で四条大宮❾❶	34
河原町三条	30	❶	10	4・特4(左京区総合庁舎経由)で河原町三条❸	36〜
京 都 御 所	32	❶	10	4・特4で府立医大病院前⓫	29〜
		❹	5+4〜	9で堀川今出川(P36)🚇201・203・59で烏丸今出川❷	13+3〜
下 鴨 神 社	34	❶	10	4・特4(左京区総合庁舎経由)で下鴨神社前❶	20〜
西 陣	36	❹	6	9で堀川今出川❺	13
二 条 城	38	❹	6	9で二条城前❶	21
東福寺・泉涌寺	40	❹	6+6	9で堀川丸太町(P38)🚇202で泉涌寺道❷・東福寺❹	19+32〜
三十三間堂	42	❹	6+4〜	京都駅前(P18)🚇206・208・86・京都バス臨で博物館三十三間堂前❶	39〜+7〜
清 水 寺	44	❹	6+6	堀川丸太町(P38)🚇202で東山二条・岡崎公園前⓭、東山三条❷、知恩院前、祇園❶・清水道❶	19+14・16・18・20・24
祇 園	46	❶	8	46で祇園❶	50
知恩院・青蓮院	48	❶		46で知恩院前バス停・東山三条❹	54・56
平 安 神 宮	50	❶	8	46で岡崎公園 ロームシアター京都・みやこめっせ前❹・岡崎公園 美術館・平安神宮前❶	60・63
南禅寺・永観堂	52	❹	6+6〜	堀川丸太町(P38)🚇204・93で東天王町❻	19+16
銀 閣 寺	54	❹	6+6〜	堀川今出川(P36)🚇203、102(土休日)で銀閣寺道❷	13+18〜
詩仙堂・曼殊院	56	❶	10+15	4・特4で北山駅前(P58)🚇北8(東行)で一乗寺清水町❸・一乗寺下り松町❶	13〜+11〜
大 徳 寺	60	❹	6・10	9・37で北大路堀川バス停	8
北野天満宮	62	❶	8+6〜	46で千本今出川(P62,P81)🚇203、102(土休日運行)で北野天満宮前❶	20+2〜
金 閣 寺	64	❶	8+3〜	46で千本北大路(P60,P81)🚇205・204・12・59で金閣寺道❷(12・59は金閣寺道❶)	14+2
龍安寺・仁和寺	66	❹	6+7	堀川今出川(P36)🚇59で龍安寺前❷・御室仁和寺❹	13+21・25
妙 心 寺		❶	8+10	46で千本丸太町(P38,P82)🚇93・京都バス臨で妙心寺前❾	26+9
東映太秦映画村	68	❶	8+10	46で千本丸太町🚇93・京都バス臨で太秦映画村道(常盤仲之町)❷	26+14
広隆寺・映画村		❹	6+10	9で四条堀川(P28)🚇11で太秦広隆寺前❻	28+22
嵐 山	70	❶	8+10	46で千本丸太町(P38,P82)🚇93で嵐山天龍寺前❷	26+30
嵯 峨 野	72	❶	8+10	46で千本丸太町🚇93で嵯峨瀬戸川町❿	26+25

よみかた 柊野別れ(ひらぎのわかれ) 御手洗川(みたらしがわ) 御物忌川(おものいがわ) 楢の小川(ならのおがわ) 社家(しゃけ) 愛宕(あたご) 御薗橋(みそのばし) 高麗(こうらい)

59

大徳寺
だいとくじ

❶❷大徳寺前
❹❼北大路堀川

あんじょうお行きやす、紫野

　大徳寺は、伽藍が南北一直線上が並ぶ禅宗建築の典型。千利休はここの山門の上に、自分の木像を置いたことが豊臣秀吉の怒りに触れ切腹を命じられた。秀吉が織田信長の葬儀を営み、また大茶湯会を開催し、寺領を寄進し保護したことから諸大名も競って塔頭を建立した。（境内自由・公開塔頭有料）

　織田信長を祀る**建勲神社**は、1910年（明治43）船岡山に移された。信長が愛用した刀や鎧が保存され、重要文化財に指定されている。（参拝自由）

　今宮神社の「**やすらい祭**」は疫病除けの祭で、4月第2日曜に行われる京都三奇祭のひとつ。行列の花傘の下に入ると病気にかからないとされる。（参拝自由）

　辺りは牛若丸出生の地であり、**胞衣塚**や誕生井の石碑がある。

目的地	参照頁	乗り場	待ち時分	アクセスと下車バス停 ※太字は1時間に4便以上(昼間)	乗車時分
京都駅	18	❹	6	9で京都駅前市バス降り場	31
		❶	2〜+4	204・205・206・北8等で北大路BT🚇地下鉄烏丸線(下り)で京都駅	6+13
		❷	6	206で京都駅前市バス降り場	39
西本願寺	20	❹	6	9で西本願寺前❶	24
京都水族館 東寺	22	❷	6+5	206で四条大宮(P28)🚇207・71で七条大宮・京都水族館前バス停(71はこの停のみ)、東寺東門前❷(207のみ)	24+8、12
四条河原町	24	❶	4・8	205・12で四条河原町❸(市バス12は❾)	32・32
四条高倉 四条烏丸	26	❶	6	12で四条烏丸❾・四条高倉㉑	25・28
四条大宮	28	❷	6	206で四条大宮❸	24
河原町三条	30	❶	4	205で河原町三条❷	28
京都御所	32	❷	6	204で烏丸丸太町❼	27
		❷	15	102(土休日運行)で烏丸今出川❷	23
下鴨神社	34	❶	4・8	205・1で下鴨神社前❶	13
西陣	36	❶	8	12で堀川今出川❺	6
二条城	38	❶	8	12で二条城前❺	14
東福寺・泉涌寺	40	❶	6+5	206で祇園(P46)🚇207で泉涌寺道・東福寺❹	37+13・15
三十三間堂	42	❶❷	6	206で博物館三十三間堂前❷❶	47・48
清水寺	44	❶	6	206で清水道❶	41
祇園	46	❶	6	206で祇園❶	37
知恩院・青蓮院	48	❶	6	206で東山三条・知恩院前バス停	33・35
平安神宮	50	❶	6	206で東山二条・岡崎公園口⓭	31
南禅寺・永観堂	52	❶	6	204で東天王町❺	32
銀閣寺	54	❶	6	204で銀閣寺道❷	27
詩仙堂・曼殊院	56	❶	15	北8で一乗寺下り松町❹・一乗寺清水町❷	28・29
上賀茂神社	58	❼	6・10	9・37で上賀茂御薗橋❺	8
北野天満宮	62	❷	4・6	205・204で北野白梅町バス停(P62、P81)	11・11
		❷	15	102(土休日運行)で北野天満宮前❶	11
金閣寺	64	❷	4・6、15	205・204、102(土休日運行)で金閣寺道❷	5〜6
		❷	8、30	12、109(GW・秋の繁忙期)で金閣寺道❶	6、5
龍安寺 仁和寺	66 80	千本 北大路	7	59で龍安寺前❷・御室仁和寺❹	9・11
		❷	30	109(GW・秋の繁忙期)で龍安寺前❷・御室仁和寺❹	9・13
妙心寺		❷	4・6、15+15	205・204、102(土休日運行)で北野白梅町(P62、P81)🚇10・26で妙心寺北門前❼	11〜+4
広隆寺 映画村	68	❷	4+10	205で西大路三条(巻頭路線図E.P83)🚇11で太秦広隆寺前❻	21+12
		❷	4・6+5	205・204で西ノ京円町(巻頭路線図B.P82)🚇91・93・京都バス臨で太秦映画村道(常盤仲之町)❹	15+9
嵐山 嵯峨野 大覚寺	70 72	❷	4〜+10	西ノ京円町🚇93で嵐山天龍寺前❷	15+26
		❷	4〜+10	西ノ京円町🚇91・93で嵯峨瀬戸川町⓾	15+20〜
		❷	4〜+10	西ノ京円町(P82)🚇91で大覚寺❶	15+25
			30	109(GW・秋の繁忙期)で大覚寺❶、嵐山❹	28、37
松尾大社	74	❷	4〜+10〜	205で西大路四条(巻頭路線図E.P82)🚇28・29で松尾大社前❹・❷	23+17
伏見稲荷	76	❹	2〜+30	京都駅前(P18)🚇南5等で稲荷大社前❶	31+16

よみかた 紫野泉堂町(むらさきのせんどうちょう) 今宮(いまみや) 孤篷庵(こほうあん) 船岡山(ふなおかやま) 建勲神社(たけいさおじんじゃ) 小野篁(おののたかむら) 高桐院(こうとういん) 瑞峯院(ずいほういん)

洛中 洛東 洛北 洛西 洛南

61

北野天満宮
きたのてんまんぐう

❶❷北野天満宮前
❼❽❾北野白梅町

あんじょうお行きやす、天神さん

北野天満宮は、菅原道真の霊を慰めるために創建された。道真が亡くなったのが丑の年、丑の日、丑の刻とされ、あちこちに牛の像があり、頭をなでると頭が良くなるという。全国受験生の合格祈願で有名。豊臣秀吉が1587年（天正19）に催した北野大茶湯はもとより、出雲阿国の「ややこい踊り」で歌舞伎発祥の地としても知られる当宮は、毎月25日には参道に露店が並ぶ「天神さん」が行われ、梅の名所でもある。（参拝自由）

目的地	参照頁	乗り場	待ち時分	アクセスと下車バス停 ※太字は1時間に4便以上（昼間）	乗車時分
京都駅	18	❶	8	**50**で京都駅前市バス降り場	35
東本願寺	20			京都駅から徒歩9分	
西本願寺		❶	6+6	**203**で堀川今出川❸(P36)〖遞〗**9**で西本願寺前❶	8+19
京都水族館	22	❶	8+5	**50**で四条堀川(P28)〖遞〗**207**で七条大宮・京都水族館前バス停、東寺東門前❷	23+10、12
東寺					
四条河原町	24	❶	10・30	**10・51**で四条河原町❶	28
四条烏丸	26	❶	30・15	**52・55**で四条烏丸❽	24
四条大宮	28	❶	30・15	**52・55**で四条大宮❾	18
壬生寺		❷	6	**203**で壬生寺道⓱	19
河原町三条	30	❶	10・30	**10・51**で河原町三条❶(51は❸)	25
京都御所	32	❶	30	51で烏丸一条バス停	13
		❶	6、15	**203**、102(土休日運行)で烏丸今出川❷	12、12
下鴨神社	34	❶	6、15、+4〜	**203**、102(土休日運行)で河原町今出川(P34)〖遞〗**205・1・4・**特4で下鴨神社前❷	16〜+6
西陣	36	❶	6、15	**203**、102(土休日運行)で堀川今出川❸	8、8
二条城	38	❶	6	**50**二条城前❺	16
東福寺	40	❷	6+6	**203**で西ノ京円町(巻頭路線図B.P82)〖遞〗**202**(南行)で東福寺❸・泉涌寺道❶	6+41・43
泉涌寺					
三十三間堂	42	❶	6、15+6	**203**、102(土休日運行)で百万遍(巻頭路線図C.P82)〖遞〗**206**で清水道❶・博物館三十三間堂前❷	20+17・24
清水寺	44				
祇園	46	❷	6	**203**で祇園❸	40
		❶	6	**203**で祇園❷	42
知恩院・青蓮院	48	❶	6	**203**で東山三条❷・知恩院前バス停	37・39
平安神宮	50	❶	6	**203**で岡崎道⓰	33
南禅寺・永観堂	52	❶	6	**203**で東天王町❺	31
銀閣寺	54	❶	6、15	**203**、102(土休日運行)で銀閣寺道❷	26、27
詩仙堂・曼殊院	56	❶	6、15+5	銀閣寺道(P54)〖遞〗**5**で一乗寺下り松町❹・一乗寺清水町❷	26+7・9
上賀茂神社	58	❶	6+6	**203**で堀川今出川❸(P36)〖遞〗**9**で上賀茂御薗橋❺	8+13
大徳寺	60	❽	4・6	**205・204**で金閣寺道❸・大徳寺前❶	5・11
金閣寺	64	❷	15	102(土休日運行)で金閣寺道❸・大徳寺前❶	8・13
龍安寺	66	❷	8〜	**50・51・52・55**で立命館大学前❽(徒歩11分又は市バス59で龍安寺前❷・御室仁和寺❹)	8(+1・5)
妙心寺		❷	10	10で妙心寺北門前❼・御室仁和寺❹	6・10
仁和寺	79				
高雄		❼	30	JRバス(立命大経由)で龍安寺前❷・御室仁和寺❹、JRバス全系統で高雄❸・栂ノ尾❻	6・8・24・26
映画村	68	❷	6+10・10	**203**で西ノ京円町(路線図E.P82)〖遞〗市バス91・93・京都バス臨で太秦映画村道(常盤仲之町)❷	6+9
広隆寺		❷	6+10	**203**で西大路三条(巻頭路線図E.P83)〖遞〗**11**で太秦広隆寺前❻	12+12
嵐山	70	❷	6+10	西ノ京円町〖遞〗**93**で嵐山天龍寺前❷	6+25
嵯峨野	72	❷	6+10	**203**で西ノ京円町(P82)〖遞〗**91・93**で嵯峨瀬戸川町⓾	6+20
大覚寺		❷	6+10	**203**で西ノ京円町〖遞〗**91**で大覚寺❶	6+25
松尾大社	74	❷	6+15	**203**で西大路四条(P83)〖遞〗**28・29**で松尾大社前❹・❷	14+17
伏見稲荷	76	❶	8〜+30	京都駅前(P18)〖遞〗南5等で稲荷大社前❶	32〜+16
伏見桃山	77	❶	8〜+15〜	京都駅前81・特81で京橋❶	32〜+33〜

よみかた　衣笠校(きぬがさこう)　三光門(さんこうもん)　東向観音寺(ひがしむきかんのんじ)　大報恩寺(だいほうおんじ)　石像寺(しゃくぞうじ)　乾隆校前(けんりゅうこうまえ)　引接寺(いんじょうじ)　上七軒(かみしちけん)

金閣寺
きんかくじ

❶〜❸金閣寺道
❻〜❾立命館大学前

あんじょうお行きやす、きぬかけの道

　衣笠山のふもと、金閣寺から仁和寺の道を「**きぬかけの道**」と呼ぶ。宇多天皇が真夏に雪見を思いたち、山に白い絹を掛けたことから衣笠山は「きぬかけ山」とも呼ばれ、これにちなむ。

　わら天神は安産守護の神。お守りはわらで出来ており、わらに節があれば男、なければ女が授かるという。

目的地	参照頁	乗り場	待ち時分	アクセスと下車バス停 ※太字は1時間に4便以上(昼間)	乗車時分
京都駅	18	❷	4	**205**で烏丸七条⓫・京都駅前市バス降り場	34・38
東本願寺	20	❸	4~+4	**205・204**、102(土休日)等で北大路BT🚇地下鉄烏丸線(下り)で五条駅・京都駅	12~+11・13
西本願寺	20	❸	4~+6	**205・204・12**で北大路堀川(P60)❾で西本願寺前❶	8+25
京都水族館	22	❷	4	**205**で梅小路公園・JR梅小路京都西駅前バス停(P22)、七条大宮・京都水族館前バス停(P22,P83)	29・32
東寺	22	❷	4	**205**で同上バス停(東寺東門は南へバス・徒歩12分)	32
四条河原町	24	❸	7・8・4	**59・12・205**で四条河原町❶(12は❾、205は❸)	33・38・38
四条烏丸	26	❸	8	**12**で四条烏丸❾・四条高倉㉑	30・33
四条大宮	28	❸	8	**12**で四条堀川バス停、四条大宮バス停へ徒歩4分	28
壬生寺	28	❷	4~+6	**205・204**で北野白梅町(P62,P81)🚇203で壬生寺道⓱	4+17
河原町三条	30	❸	7・4	**59・205**で河原町三条❶(205は❷)	30・35
京都御所	32	❸	7	**59**で烏丸今出川❷・府立医大病院前⓫	17・23
下鴨神社	34	❷	4	**205**で下鴨神社前❶	19
西陣	36	❸	8・7	**12・59**等で堀川今出川❺(59は❸)	13
二条城	38	❸	8	**12**で二条城前❸	21
東福寺・泉涌寺	40	❷	4+5	**205**で七条大宮・京都水族館前(P22,P83)🚇**207**で東福寺❸・泉涌寺道❶	30+13~
三十三間堂	42	❷	4~+5~	京都駅前(P18)🚇**208・86・206**で博物館三十三間堂前❶	38~+7~
清水寺	44	❷	6+4	**204**で熊野神社前(P50)🚇**206**で清水道❶	29+12
祇園	46	❸	7・8	**59・12**で四条京阪前バス停(P46)(東へ徒歩6分)	35・40
知恩院・青蓮院	48	❷	6+4+4	**204**で熊野神社前🚇**206・201**で東山三条❸・知恩院前バス停	29+4・6
平安神宮	50	❷	6	**204**で岡崎道⓯	31
南禅寺・永観堂	52	❷	6	**204**で東天王町❻	33
銀閣寺	54	❷	6、15	**204**、102(土休日運行)で銀閣寺道❸(102は❷)	38、33
		❸	6	**204**で銀閣寺道❷	36
詩仙堂・曼殊院	56	❸	4~+15	**205・204・12**で千本北大路(P60,P81)🚇北8(東行)で一乗寺清水町❷・一乗寺下り松町❹	3~+25・26
上賀茂神社	58	❸	4~+8	千本北大路(P60,P81)🚇**46**で上賀茂神社前❶	3~+12
大徳寺	60	❸	4~	**205・204・12**、102(土休日運行)で大徳寺前❶	5~
北野天満宮	62	❷	4・6	**205・204**で北野白梅町バス停(P62)	5
		❷	15	102(土休日運行)で北野天満宮前❶	6
龍安寺仁和寺妙心寺高雄	66 79	❶	7、30	**59**、109(GW/秋の繁忙期)で龍安寺前❷・御室仁和寺❹	6・9
		❷	4~+10	**205・204**で北野白梅町(P62,P81)🚇**10・26**で妙心寺北門前❼	4~+4
		❾	30	JRバスで龍安寺前❷・御室仁和寺❹・高雄❻・栂ノ尾	1・3・19・21
東映太秦映画村	68	❷	4~+10	**205・204**で西ノ京円町(巻頭路線図B,P82)🚇**91・93**で京都バス臨で太秦映画村道(常盤仲之町)❷	9+9
広隆寺・映画村		❷	4+10	**205**で西大路三条(P83)🚇**11**で太秦広隆寺前❻	15+12
嵐山嵯峨野大覚寺	70 72	❷	4~+10	**205・204**で西ノ京円町(P82)🚇**93**で嵐山天龍寺前❷	9+25
		❷	4~+10	**205・204**で西ノ京円町(P82)🚇**91・93**で嵯峨瀬戸川町❿	9+20
		❷	4~+10	**205・204**で西ノ京円町(P82)🚇**91**で大覚寺❶	9+25
		❶	30	109(GW/秋の繁忙期)で大覚寺❶・嵐山❹	23・31
松尾大社	74	❷	4+15~	**205**で西大路四条(巻頭路線図E,P83)🚇**28・29**で松尾大社前❹・❷	17+17
伏見稲荷	76	❷	4~+30	京都駅前(P18)🚇南5等で稲荷大社前❶	38~+16

龍安寺・仁和寺・妙心寺
りょうあんじ・にんなじ・みょうしんじ

❶❷龍安寺前
❸❹❺御室仁和寺
❻❼妙心寺北門前
❽❾妙心寺前

あんじょうお行きやす、御室

　仁和寺の北側には**御室八十八カ所巡り**がある。約3kmで所要2時間、順路に沿ってお堂が点在する。弘法大師ゆかりの四国八十八ヶ所霊場から霊場の砂を持ち帰り、お堂に埋めたことに始まる。

　双ヶ丘は一、二、三の丘と3つの丘から成っていて、ふもとには吉田兼好ゆかりの長泉寺がある。

目的地	参照頁	乗り場	待ち時分	アクセスと下車バス停 ※太字は1時間に4便以上(昼間)	乗車時分
京 都 駅	18	❶❸	7+4	**59**で烏丸出川❷(P32)⇒今出川駅から地下鉄烏丸線(下り)で京都駅	23〜+10
		❸❻	10、30	**26**、JRバス(❶も)で京都駅前	40〜、36〜
東・西本願寺	20	❸❻	10	**26**で烏丸七条❾	39・36
		❶❸	7+6	**59**で堀川今出川❸(P36)⇒**9**で西本願寺前❶	19+19
京都水族館 東 寺	22	❸❻	10+10〜	**26**で四条大宮(P28)⇒**207**・18・特18・71で七条大宮・京都水族館前バス停、東寺東門前❷	23+8、10
四条河原町	24	❶❸	7	**59**で四条河原町❶	39・41
		❸❻	10	**10**で四条河原町❶	39・36
四 条 烏 丸	26	❸❻	10	**26**で四条烏丸❹	29〜
		❽	10	**91**で四条烏丸❹	27
四 条 大 宮 壬 生 寺	28	❸❻	10	**26**で四条大宮❶	23〜
		❽	10	**91**で四条大宮❺	21
河原町三条	30	❶❸	7	**59**で河原町三条❶	36・38
		❸❻	10	**10**で河原町三条❶	36・33
京 都 御 所	32	❶❸	7	**59**で烏丸今出川❷	25・23
		❽	10	**93**で烏丸丸太町❼	18
下 鴨 神 社	34	❶❸	7、30+4	**59**、109(GW・秋の繁忙期)で金閣寺道(P64)⇒**205**で下鴨神社前❶	9〜+20
西 陣	36	❶❸	7	**59**で堀川今出川❸	19・21
二 条 城	38	❸❻	10	**10**で堀川丸太町❸	24・21
		❽	10	**93**で堀川丸太町❸	14
東 福 寺 泉 涌 寺	40	❸❻	10+6	**26**で西ノ京円町(巻頭路線図B.P82)⇒202南行で東福寺❸・泉涌寺道❶	8〜+41〜
三十三間堂	42	❶❸❻	10+5	四条河原町⇒**207**等で東山七条❸	36〜+14
清 水 寺	44	❶❸❻	10+5	四条河原町⇒**207**等で清水道❶	36〜+8
祇 園	46	❶❸❻	10+2〜	四条河原町⇒**207**・203・201・46で祇園バス停	36〜+4
知 恩 院 青 蓮 院	48	❸❻	10+6	**10**で千本丸太町(P38,P82)⇒**202**で東山三条❷	18〜+19
		❶❸	7+6	**59**で千本今出川(P62,P81)⇒**201**で東山三条❷	15〜+26
平 安 神 宮	50	❽	10	**93**で岡崎道❶	28
		❶❸	7+6	**59**で千本今出川(P62,P81)⇒**201**で東山二条・岡崎公園口❶	15〜+24
南 禅 寺 永 観 堂	52	❽	10	**93**で東天王町❻	30
		❶❸	7+6〜	**59**で河原町丸太町(P32,P82)⇒**204**・93で東天王町❻	30〜+8
銀 閣 寺	54	❸❻	10+6〜	**10**で北野白梅町(P62,P81)⇒**203**等で銀閣寺道❷	7〜+27
		❶❸	7+6〜	**59**で千本今出川(P62,P81)⇒**203**等で銀閣寺道❷	15〜+22
詩仙堂・曼殊院	56	❶❸	7+15	**59**で千本北大路(P60,P81)⇒北8(東行)で一乗寺清水町⇒一乗寺下り松町❹	9+25・26
上賀茂神社	58	❶❸	7+6	**59**で堀川今出川(P36)⇒**9**で上賀茂御薗橋❺	19+13
		❽	10+6	**93**で堀川丸太町(P38)⇒**9**で上賀茂御薗橋❺	14+20
大 徳 寺	60	❶❸	7+4〜	**59**で金閣寺道(P64)⇒**205**・204で大徳寺前❶	8+6〜
		❻	10+4〜	**10**で北野白梅町(P62,P81)⇒**205**・204で大徳寺前❶	7+11
北野天満宮	62	❸❻	10	**10**で北野天満宮前	8
金 閣 寺	64	❶❸	7、30	**59**、109(GW・秋の繁忙期)で金閣寺道❸	8・10
広隆寺・映画村	68	❾	10・10	**91**・**93**・京都バス臨で太秦映画村道(常盤仲之町)❷	3
嵐 山 嵯 峨 野	70 72	❷❹ ❼	7〜+10	❹❼から10・26で、❷❹から59で山越中町(路線図A参照)⇒**11**で嵐山天龍寺前❶(土休日はバス停角倉町)	8+12〜
		❾	10	**91**・**93**で嵯峨瀬戸川町⑩、嵐山天龍寺前❷(93のみ)	16、21
		❾	10	**91**で大覚寺❶	18
		❶❸	30	109(GW・秋の繁忙期)で大覚寺❶、嵐山❹	15〜、23〜
高 雄	79	❷❹❼	30・30	JRバスで高雄❸・栂ノ尾❻	16〜・18〜
松 尾 大 社	74	❾	10+15	嵯峨小学校前(P72)⇒**28**で松尾大社前❶	13+11

よみかた 五智山蓮華寺 御室 周山 鳴滝 常盤仲之町 双ケ丘 桂春院 椎ノ辻

広隆寺・東映太秦映画村
こうりゅうじ　とうえいうずまさえいがむら

❶❷太秦映画村道
❶❷常盤仲ノ町（京都バス）
❸❹太秦映画村前（京都バス）
❺❻太秦広隆寺前

あんじょうお行きやす、太秦

　ここはまさに「日本のハリウッド」。かつては3つの撮影所で、年間160本を超す映画が製作されていた。**大映通**沿いにある三吉稲荷社には、「日本映画の父」**牧野省三の顕彰碑**が立つ。

　蚕の社は、珍しい三本柱の鳥居と、組み石の神座が目を引く。（境内自由）

　常盤の地名は、源義経の母である常盤御前の出生地に由来し、その墓も**源光寺**にある。**常盤地蔵**は「六地蔵巡り」の一つ。（参拝自由）

目的地	参照頁	乗り場	待ち分	アクセスと下車バス停 ※太字は1時間に4便以上(昼間)	乗車時分
京都駅	18	❶	30・30	**75・85**で京都駅前市バス降り場	32
		❺	10~	京都バス**73**・**76**で同上降り場	32
西本願寺	20	❺	10+6	**11**で四条堀川(P28)継**9**で西本願寺前❶	22+4
東寺	22	❺	10+10	**11**で西大路四条(P82)継**71**で東寺東門前❷	11+17
四条河原町	24	❺	10	**11**で四条河原町❾	30
四条烏丸	26	❺	10	**11**で四条烏丸❾・四条高倉㉑	24・27
四条大宮	28	❺	10	**11**で四条大宮	18
河原町三条	30			四条河原町から徒歩7分	38
京都御所	32	❶	10	**93**で烏丸丸太町❼	21
		❺	10+6	**11**で西大路四条(P83)継**202**で烏丸丸太町❼	11+20
下鴨神社	34	❺	10+4~	四条河原町(P24)継**205**・4・特4で下鴨神社前❷	30+17
西陣	36	❺	10+6	**11**で四条堀川(P28)継**9**で堀川今出川❼	20+15
二条城	38	❶	10~	**93**・京都バス臨で堀川丸太町❸	17
		❺	10+6	**11**で四条堀川継**9**で二条城前❻	20+5
東福寺・泉涌寺	40	❺	10+6	**11**で西大路三条(P83)継**202**で東福寺❸・泉涌寺道❶	9+33~
三十三間堂	42	❺	10+6	**11**で西大路三条継**202**で東山七条❺	9+37
清水寺	44	❺	10+5	四条大宮(P28)継**207**で清水道❶	18+20
祇園	46	❺	10+5~	四条大宮継**207**・**201**・46で祇園バス停	18+16
知恩院 青蓮院	48	❺	10+6	**11**で西大路三条(巻頭路線図E.P83)継**203**で知恩院前バス停・東山三条❹	9+25~
平安神宮	50	❺	10+8~	四条大宮(P46)・**32**で岡崎公園 ロームシアター京都・みやこめっせ前❹(46は岡崎公園 美術館・平安神宮前❶も)	18+23~
		❶	10	**93**で岡崎道⑮	31
南禅寺 永観堂	52	❶	10	**93**で東天王町❻	33
		❺	10+5	四条河原町(P24)継5で南禅寺・永観堂道❷	24+22
銀閣寺	54	❶	10+5、15	**93**で東天王町(P52)継5、105(土休日運行)で銀閣寺道❸、105は銀閣寺前❶	33+5、6
		❺	10+10	四条大宮(P28)継**32**で銀閣寺前❶	18+33
詩仙堂 曼殊院	56	❶	10+5	東天王町(P52)継5で一乗寺下り松町❹・一乗寺清水町❷	33+12~
上賀茂神社	58	❶	10+6	**93**で堀川丸太町(P38)継**9**で上賀茂御薗橋❺	17+20
大徳寺	60	❺	10+4	**11**で西大路三条(P83)継**205**で大徳寺前❶	9+21
西ノ京円町	81	❶❹❺	30~	京都バス**63**・**66**で西ノ京円町❼	8~
		❶	10・10	**93**・**91**・京都バス臨で西ノ京円町❷・❸	9
北野天満宮	62	❶❹❺	10~+6	西ノ京円町(巻頭路線図B.P82)継**203**で北野天満宮前❶	9+6
		❺	10+4	**11**で西大路三条(P83)継**205**で北野白梅町❽	9+10
金閣寺	64	❶❹❺	10~+4~	西ノ京円町(P81)継**205**・**204**で金閣寺道❸	9+9
龍安寺 仁和寺 妙心寺	66	❶	10~	**93**・**91**・京都バス臨で妙心寺前❽	3
		❶❹❺	10~+15	西ノ京円町(巻頭路線図B.P82)継15で立命館大学前❽(龍安寺まで徒歩11分)	9~+10
		❶❹❺	10~+10	西ノ京円町継26で御室仁和寺❹	9~+12
		❶❹❺	30~	京都バス**63**・**66**で妙心寺前❽	4・6・8
嵐山 嵯峨野 大覚寺	70・72	❻	10	**11**で嵐山天龍寺前❷・嵯峨小学校前❼	11・14
		❷	10	85・91・93で嵯峨瀬戸川町⑩、嵐山天龍寺前❷(85・93のみ)	11、16
		❷	10	**91**で大覚寺❶	14
		❸❻	10~	京都バス**63**・**66**・**73**・**76**・**77**(京都バス70番台は❻乗場のみ)で嵐山❹	10~
松尾大社	74	❸❻	10~	京都バス**63**・**73**(73は❻乗場のみ)で松尾大社前❷	14~

よみかた　宇多野吉祥院線　常盤　桂宮院　嵐電北野線　太子道　蚕の社(木嶋神社)

嵐山
あらし やま

❶❷嵐山天龍寺前（嵐電嵐山駅前）
❸❹嵐山　＊嵐山の土休日運行は P5・P72 参照

あんじょうお行きやす、嵐山

渡月橋をはさんで上流を大堰川、下流を桂川という。平安時代からの紅葉の名所で、舟遊びなどの行楽地だった。鎌倉時代に後嵯峨上皇が亀山殿を造営し、吉野の桜を移植してからは桜の名所ともなる。

嵐山は地名であり、また渡月橋南側の山でもある。古くは「荒樔山」と呼ばれ、愛宕おろしが嵐の如く、桜や紅葉を散らしてしまうことから、「嵐山」となったという。

大堰川の北側が小倉山で、藤原定家がふもとの山荘にて編纂した「小倉山荘色紙和歌」が後の小倉百人一首の原型となった。また、松尾芭蕉が、落柿舎での弟子たちとの思い出を「嵯峨日記」に記したという文学ゆかりの地である。

「源氏物語・賢木の巻」の舞台でもある野宮神社は、縁結びの神。平安時代、斎宮に選ばれた皇女が伊勢神宮に向かう前に1年間ここで身を清めたという。（参拝自由）

目的地	参照頁	乗り場	待ち時分	アクセスと下車バス停 ※太字は1時間に4便以上(昼間)	乗車時分
京都駅 東・西本願寺	18・20	❶	15	28(土休日は❹からのみ)で西本願寺前❶・京都駅前市バス降り場　＊JR線利用が速い	39〜46〜
		❸	10〜	京都バス73・76で烏丸七条❾・京都駅前◐	38〜49
京都水族館 東寺	22	❶❸	10+4〜	四条大宮(P28)**207・71・18・特18**で七条大宮・京都水族館前バス停、東寺東門前❶	27〜+8、10
四条大宮 四条烏丸 四条河原町 河原町三条	28・26・24・30	❶❸	10	**11**(土休日はバス停、田倉町から)で四条大宮❶・四条烏丸❾・四条河原町❾	30〜36〜・44〜
		❸	30〜	京都バス63・66で河原町三条❸・四条河原町❶	42・45
		❸	10〜	京都バス73・76で四条大宮❶・四条烏丸❹	27・32
		❶	15	28(土休日は❹からのみ)で四条大宮❺	33
京都御所	32	❷❹	10	**93**で烏丸丸太町❼・河原町丸太町バス停(P32,P82)	33〜・37〜
下鴨神社	34	❷❹	10+4〜	**93**で河原町丸太町(P82)継**205・4・特4**で下鴨神社前❶	37+10〜
		❷❹	15+4〜	下記の西ノ京円町継**205**(北行)で下鴨神社前❶	21+29〜
出町柳 河原町今出川 西陣	34・36	❶❸	10+5	西ノ京円町(路線図B.P82)継**203**(北行)で堀川今出川❸・河原町今出川❸・出町柳駅前バス停	35〜43〜・45〜
		❶❸	10+5	堀川丸太町(P38)継**9**で堀川今出川❼・堀川寺ノ内❷	36・38
二条駅 二条城	38	❷❹	10	**93**で堀川丸太町❸	29〜
		❸	30〜	京都バス63・66で二条城前❾・堀川御池❼	29・33
祇園 清水寺 八坂神社 知恩院	46 44 48 50	❶❸	10+5〜	四条大宮(P28)継**207**で祇園❶・東山安井・清水道❶	21+16〜
		❶❸	10+6〜	四条大宮継**46・201**で祇園❺・知恩院前バス停	21+16〜
		❷❹	10	**93**(上記同)で熊野神社前❽・岡崎道⓯・東天王町❻	42〜44・46〜
平安神宮 永観堂	52	❶❸	7+6〜	四条大宮(P28)継**46・32**で岡崎公園 ロームシアター京都・みやこめっせ館前❹(市バス46は岡崎公園 美術館・平安神宮前❶も)	27〜+25〜
銀閣寺	54	❶❸	10+5〜	西ノ京円町(巻頭路線図B.P81)継**203**(北行)・**204**(東行)で銀閣寺道❷(市バス204は❸)	21+31〜
上賀茂神社	58	❷❹	10+5	上記の堀川丸太町(P38)継**9**で上賀茂御薗橋❺	29〜+20
大徳寺	60	❶❸	10+4〜	西ノ京円町(P82)継**205・204**(北行)で大徳寺前❶	21+15〜
西ノ京円町 (円町駅前)	81	❸ (❷❹)	30〜・10	京都バス63・66(京都バスは❸からのみ)、市バス93(❷❹から)で西ノ京円町❷	21〜
北野天満宮	62	❸等	10+5	西ノ京円町(P82)継**203**(北行)で北野天満宮前❶	21+5
金閣寺 大徳寺	60 64	❷❹	10+7	**11**で山越中町(巻頭路線図A)継**59**で金閣寺道❸	11+17〜
		❸等	10+4〜	西ノ京円町継**205・204**(北行)で金閣寺道❸、大徳寺前❶	21+9、15
		❷❹	30	109(GW・秋の繁忙期)で金閣寺道❸、大徳寺前❶	30〜、35〜
妙心寺	66	❸ (❷❹)	30〜・10	京都バス63・66(京都バスは❸からのみ)、市バス93(❷❹から)で妙心寺前❽	17〜、15
龍安寺 仁和寺	66	❷	10+7〜	**11**で山越中町(巻頭路線図A参照)継**10・26・59**で御室仁和寺❸、龍安寺前❶(59のみ)	11+7、11
		❷❹	30	109(GW・秋の繁忙期)で御室仁和寺❸、龍安寺前❶	24〜、27〜
広隆寺 東映太秦映画村	68	❷❹ ❶❸	10・10	**93**で太秦映画村道❶、**11**(❶❸から。土休は角倉町バス停から乗車)で太秦広隆寺前❺	14、12
		❸	30〜	京都バス63・66で太秦広隆寺前❹	9・11
		❸	10〜	京都バス73・76で太秦広隆寺前❺	11
嵯峨野 大覚寺	72	❷	15、30	28、109(GW・秋の繁忙期)で嵯峨小学校前❼・嵯峨釈迦堂前❻・大覚寺❶	4・6・9
		❸	30・15	京都バス92・94で嵯峨小学校前❼・嵯峨釈迦堂前❶、大覚寺❷(94のみ)	4・6・9
松尾大社 鈴虫寺	74	❶	15	28(土休日は❹からのみ乗車)で松尾大社前❶	9
		❹	30・10	京都バス63・73で松尾大社前❷、苔寺・すず虫寺バス停	8、12

よみかた：二尊院(にそんいん)　落柿舎(らくししゃ)　常寂光寺(じょうじゃっこうじ)　渡月橋(とげつきょう)　角倉町(すみのくらちょう)　大堰川(おおいがわ)　保津川(ほづがわ)　大悲閣(だいひかく)(千光寺(せんこうじ))

嵯峨野・大覚寺
さがの だいかくじ

❶❷大覚寺
❸鳥居本(京都バス)
❺❻嵯峨釈迦堂前
❼❽⓫嵯峨小学校前
❾❿嵯峨瀬戸川町

あんじょうお行きやす、嵯峨野

大沢池は日本最古の人工の林泉。嵯峨天皇が離宮と共に造らせた。周囲には茶室や塔、石仏、名古曽の滝跡などがあり、名月観賞の地としても有名。(文化財協力維持金200円)

愛宕神社の一の鳥居付近は、「鳥居形」に送り火を奉仕することから**鳥居本**と呼ばれる。明治に建てられた民家が**京都市嵯峨鳥居本町並み保存館**として公開されている。

嵯峨・嵐山地区(P70〜74):土休日の路線変更について

嵯峨天龍寺前を南下するバス系統(市バス11・28、京都バス90の南行)は、土休日の場合嵐山高架道路へ迂回します。P5の図示も参照下さい。市バス85・93は、平日・土休日とも嵐山高架道路を南下、長辻通を北行します。

【乗車について】

土休の「嵯峨野・大覚寺(P72)」バス停嵯峨小学校前❽の利用は同⓫へ変更。

土休の「嵐山(P70)」バス停嵐山天龍寺前❶の利用は、市バス11は嵯峨瀬戸川町❿・バス停角倉町、市バス28は嵐山(渡月橋北詰)❹

土休の京都バス90は嵐山❹

目的地	参照頁	乗り場	待ち時分	アクセスと下車バス停 ※太字は1時間に4便以上(昼間)	乗車時分
京都駅	18	❶❺⓫	15	28で京都駅前市バス降り場	49〜
		❶❽	15	28で同(❽は平日のみ)＊JR線利用がおすすめ	53・49
西本願寺	20	❶	15	28で西本願寺前❶、(❽乗り場は上記参照)	46
京都水族館 東寺	22			下記四条大宮(P28)⎝207・71等で七条大宮・京都水族館前バス停、東寺東門前❷	32〜42＋8、10
四条河原町	24・26・28	❶❺❾	30	91で四条大宮❺・四条烏丸❽	32〜・38〜
四条高倉 四条烏丸		❽❿	10	11で(平日のみ)で四条大宮❶・四条烏丸❾・四条高倉㉑・四条河原町❾	41〜・47〜・50・・53〜
四条大宮	28	❶❺❽	15	28で(平日のみ)で四条大宮❺	41・38・36
河原町三条				河原町三条は、四条河原町から徒歩7分	
烏丸丸太町 京都御所	32	❾	10〜	93・京都バス臨で烏丸丸太町❼・河原町丸太町バス停	30・34
西陣	36	❾	10+6〜	93・京都バス臨で堀川丸太町(P38)⎝❾・12で堀川今出川❼・堀川寺ノ内バス停	25+7・9
堀川丸太町 二条城	38	❾	10〜	93・京都バス臨で堀川丸太町❸(二条城へ徒歩8分)	25
清水寺	44		15+5	四条烏丸(P26)⎝207で清水道❶	39〜+14
祇園	46		15+5〜	四条烏丸⎝207・201・203・46で祇園バス停	39〜+10
平安神宮 永観堂	50・52	❾	10	93で熊野神社前❽・岡崎道⓯・東天王町❻	38・40・42
銀閣寺	54	❶	15+8	91で西ノ京円町(P82)⎝203で銀閣寺道❷	22+31
詩仙堂・曼殊院	56	❶	10+5	上記東天王町(P52)⎝5で一乗寺下り松町❹・一乗寺清水町❷	41+12〜
大徳寺	60	❶	10+8	91で西ノ京円町⎝204で大徳寺前❶	22+15
北野天満宮	62	❶	10+8〜	91で西ノ京円町(巻頭路線図B.P81)⎝204・15で北野白梅町❸	22+4
西ノ京円町 円町駅前	81	❾	10・10〜	93・91・京都バス臨で西ノ京円町❷(市バス91は❸)	18
金閣寺	64	❼❾	10+7	11で山越中町(巻頭路線図A)⎝59で金閣寺道❸	7〜+17
		❶	10+6	91で西ノ京円町(P82)⎝204で金閣寺道❸	22+9
金閣寺・大徳寺	60・64	❶	30	109(GW・秋の繁忙期)で金閣寺道❸、大徳寺前❶	22、27
妙心寺	66	❶❺❾	15	91(❾は市バス93・京都バス臨も)で妙心寺前❽	16・13
龍安寺 仁和寺	66	❼❾	10+10〜	11で山越中町(巻頭路線図A)⎝10・26・59で御室仁和寺❸、龍安寺前❶(59のみ)	7+7、11
		❶	30	109(GW・秋の繁忙期)で御室仁和寺❸・龍安寺前❶	13・16
広隆寺 東映太秦映画村	68	❶❺❾	10・(10)	91(❾は市バス85・93・京都バス臨も)で太秦映画村(常盤仲之町)❶	13・10・9
		❽❿	10	11で太秦広隆寺前❺(土休日は❿からのみ)	17・18
嵐山	70	❶❺❽	30	京都バス90で嵐山天龍寺前❶(土休は❶❺⓫から嵐山❹)	8・5・3
		❶❺❽	15	28で嵐山天龍寺前❶(28の土休日は❶❺⓫から嵐山❹のみ)	8・5・3
		❽❿	10・30・10	11(平日のみ)で嵐山天龍寺前❶・嵐山❸、85・93は❿からで嵐山❹・嵐山天龍寺前❷	3〜6
		❶	30	109(GW・秋の繁忙期)で嵐山❹・嵐山天龍寺前❷	8・9
松尾大社	74	❶❺❽	15	28で松尾大社前❶(土休日は❶❺⓫から)	10〜14
苔寺・鈴虫寺			10〜+15〜	嵐山(P70)⎝京都バス63・73で苔寺・すず虫寺❼	3〜+12

よみかた 直指庵 清凉寺 清滝 化野 愛宕念仏寺 愛宕神社 宝筐院 厭離庵

松尾大社
まつのおたいしゃ

❶〜❹松尾大社前
❺❻松尾橋

あんじょうお行きやす、松尾さん

　嵐山から松尾に至るまでの山裾沿いには、寺社が散在し、東海自然歩道となっている。

　松尾大社はお酒の神様として知られ、全国から酒樽が奉納され、お酒の資料館もある。5月には境内を山吹が黄色に染め上げ見事。

　車折神社の境内には芸能神社もあり、かつて撮影所が集まっていた場所柄もあってか、玉垣に映画俳優や歌手の名も多く見られる。

目的地	参照頁	乗り場	待ち時分	アクセスと下車バス停 ※太字は1時間に4便以上（昼間）	乗車時分
京都駅 東・西本願寺	18・20	❶❺	15	**28**で西本願寺前❶・七条堀川❸・京都駅前市バス降り場	28〜・30〜・35〜
京都水族館 東寺	22	❺	10	**71**で七条大宮・京都水族館前バス停、東寺東門前❷	30、32
四条河原町	24	❺	5	**3**で四条河原町⓫	33
四条烏丸	26	❺	5・15	**3・29**で四条烏丸❾（29は❽）、四条高倉㉑（3のみ）	27〜、30
四条大宮	28	❺	5〜	**3・71・28・29**で四条大宮バス停（28は❶、29は❸乗場からも、以下28・29は同様）	21〜
河原町三条	30	❺	5	**3**で河原町三条❽	35
京都御所	32	❺	5	**3**で府立医大病院前⓬	41
		❺	5〜+6	四条大宮（P28）㊹市バス**201**で烏丸今出川❷	21〜+22
		❺	5	**3**で出町柳駅前バス停（神社へ徒歩で15分）	47
下鴨神社	34	❺	5〜+4	**3・71・28・29**で西大路四条（巻頭路線図E, P83）㊹**205**で下鴨神社前❶	15+37
西陣	36	❺	5〜+5〜	**3・28・29**で四条堀川（P28）**9・12・201**で堀川今出川バス停（28は❶、29は❸乗場からも）	24+12〜
二条城	38	❺	5〜+5	**3・28・29**で四条堀川㊹**9・12・50**で二条城前❻	24+5
東福寺・泉涌寺	40	❺	5〜+5	四条大宮（P28）㊹**207**で東福寺❸・泉涌寺道❶	21+21〜
三十三間堂	42	❺	5〜+5	四条大宮㊹**207**で東山七条❺	21+25
清水寺	44	❺	5〜+5	四条大宮㊹**207**で清水道❶	21+20
祇園	46	❺	5〜+5〜	四条大宮㊹**207・201・46**で祇園バス停	21+16
知恩院 青蓮院	48	❺	5〜+6	四条大宮㊹**201・46**で東山三条バス停	21+20
平安神宮	50	❺	5〜+8・10	四条大宮（P28）㊹**46・32**で岡崎公園 ロームシアター京都・みやこめっせ前❹（市バス46は岡崎公園 美術館・平安神宮前❶も）	21+23〜
南禅寺	52	❺	5〜+5	四条河原町（P24）㊹**5**で南禅寺・永観堂道❷	28+23
銀閣寺	54	❺	5〜+10	四条大宮**32**で銀閣寺前❶	21〜+33
詩仙堂・曼殊院	56	❺	10+5	**3**で四条河原町（P24）㊹**5**で一乗寺下り松町❹・一乗寺清水町❼	33+31〜
上賀茂神社	58	❺	5〜+5	**3・28・29**で四条堀川（P28）**9**で上賀茂御薗橋❺	24+28
大徳寺	60	❺	5〜+4	西大路四条（P83）㊹**205**で大徳寺前❶	15+23
北野天満宮	62	❺	5〜+4	西大路四条㊹**205**で北野白梅町❽	15+12
金閣寺	64	❺	5〜+4	西大路四条㊹**205**で金閣寺道❸	15+17
龍安寺 仁和寺		❺	5〜+4+7	西大路四条（巻頭路線図E, P83）㊹**205**でわら天神前（P64）㊹**59**で龍安寺前❷・御室仁和寺❹	15+15+9・13
仁和寺	66	❺	5〜+10	**3・71・28・29**で西大路四条㊹**26**で御室仁和寺❹	15+20
妙心寺		❺	5〜10	西大路四条㊹**91**で妙心寺前❾	15+12
広隆寺 映画村	68	❺	5〜+10	**3・71・28・29**で西大路四条㊹**11**で太秦広隆寺前❻	15+14
		❸	30・15	京都バス**63・73**で太秦広隆寺前❺	16
嵐山	70	❸	30・15	京都バス**63・73**で嵐山❸	7
		❹	15	**28**で嵐山天龍寺前❶	8
嵯峨野・大覚寺	72	❹	15	**28**で嵯峨小学校前❼・大覚寺❶	11・16
伏見方面		❺		京都駅前（P18）乗換	

よみかた　桂川　梅宮大社　有栖川　車折神社　鹿王院　曇華院　下嵯峨　角倉町

伏見稲荷
ふしみいなり

❶❷稲荷大社前

目的地	参照頁	乗り場	待ち時分	アクセスと下車バス停 ※太字は1時間に4便以上(昼間)	乗車時分
京都駅	18	❷	15	南5で京都駅前	16
西本願寺	20	❷	15+5=	京都駅前(継)市バス**9・28**で西本願寺前❷	14+6
四条河原町	24	❷	15+4=	京都駅前(継)**205・4・5・7**で四条河原町	14+14~
四条烏丸	26	❷	15+5=	京都駅前(P18)(継)**5・26**で四条烏丸バス停	14+11~
四条大宮	28	❷	15+4=	京都駅前(継)**206・26・28**で四条大宮バス停	14+13~
東福寺	40	❷	15	南5で十条相深町バス停(東へ徒歩5分で東福寺)	1
三十三間堂	42	❷	15+5=	京都駅前(継)**206・208**等で博物館三十三間堂前❶	14+9~
清水寺	44	❷	15+5=	京都駅前(継)**206・86・EX100**等で五条坂❼	14+10~
祇園	46	❷	15+5=	京都駅前(P18)(継)**206・86・EX100**等で祇園バス停	14+13~
京都市青少年科学センター	76	❶	15	南5で青少年科学センター前バス停	5
地下鉄竹田駅		❶	15	南5で竹田駅東口バス停	8
伏見桃山	77	❶	15	南5で京橋❸	25

よみかた 石峰寺 宝塔寺 瑞光寺 深草

伏見桃山
ふしみももやま

❸❹京橋

目的地	参照頁	乗り場	待ち時分	アクセスと下車バス停 ※太字は1時間に4便以上(昼間)	乗車時分
京都駅	18	❹	15・30	**81・特81・特南5**で京都駅前	34〜
西本願寺	20	❹	15〜+5〜	京都駅前〓市バス**9・28**で西本願寺前❷	34〜+6
東寺	22	❹	30	**19**で九条大宮❻	25
四条河原町	24	❹	15〜+4〜	京都駅前〓**205・4・特4・5**・7等で四条河原町	34〜+14〜
四条烏丸	26	❹	15〜+5〜	京都駅前(P18)〓**5**(四条通経由)・**26**で四条烏丸バス停	34〜+11〜
四条大宮	28	❹	15〜+4〜	京都駅前〓**206・26・28**で四条大宮バス停	34〜+13〜
東福寺 泉涌寺	40	❹	15〜 +5〜	**81・特81・19**で地下鉄九条駅前(大石橋)(P83)〓市バス**207・202・208**で東福寺❸・泉涌寺道❶	27〜+4〜
三十三間堂	42	❹	15〜 +5〜	**81・特81・19**で地下鉄九条駅前(大石橋)〓**207・202**で東山七条❺、**208**で博物館三十三間堂前❷	27〜+8〜
伏見稲荷	76	❹	30	**南5**で稲荷大社前❷	26
近鉄竹田駅		❹	30	**81**で竹田駅東口バス停	15
城南宮		❹	30	**19**で城南宮バス停	14

よみかた 丹波橋(たんばばし) 中書島(ちゅうしょじま) 御香宮(ごこうのみや) 観月橋(かんげつきょう) 向島(むかいじま)

その他の名所 岩倉

❺ 岩倉実相院
❻❼ 幡枝くるすの公園前
❽❾ 西幡枝(円通寺前)

目的地	参照頁	乗り場	待ち時分	アクセスと下車バス停 ※太字は1時間に4便以上(昼間)	乗車時分
京都駅	18	❺❽	15〜+4	国際会館駅前〓地下鉄烏丸線で京都駅	5〜+20
四条烏丸	26	❺❽	15〜+4	国際会館駅前〓地下鉄烏丸線で四条駅	5〜+16
京都御所	32	❺❽	15〜+4	国際会館駅前〓地下鉄烏丸線で今出川駅	5〜+10
平安神宮	50	❺❽	15〜+5	国際会館駅前〓市バス5で岡崎公園 美術館・平安神宮前❶	5〜+29
南禅寺	52	❺❽	15〜+5	国際会館駅前〓市バス5で南禅寺・永観堂道❶	5〜+25
銀閣寺	54	❺❽	15〜+5	国際会館駅前〓市バス5で銀閣寺道❷	5〜+19
詩仙堂 曼殊院	56	❺❽	15〜+5	国際会館駅前〓市バス5で一乗寺清水町❶・一乗寺下り松町❸	5〜+9・10
大原	80	❺❽	15〜+10〜	国際会館駅前〓京都バス19・特17	22
国際会館駅	78	❺	15	京都バス24で国際会館駅前バス停	13
	78	❽	30	京都バス特40で国際会館駅前バス停	5

その他の名所 高雄

- ❶❷❸ 高雄
- ❹ 西山高雄（京都バス）
- ❺❻ 栂ノ尾

目的地	参照頁	乗り場	待ち時分	アクセスと下車バス停　※太字は1時間に4便以上(昼間)	乗車時分
京都駅	18	❶❺	30〜	JRバス全系統で京都駅前JRバス降り場	52〜54
四条大宮	28	❷❺	30	8で四条大宮❾・四条烏丸❽	45〜・51〜
四条烏丸	26	❶❺	30〜	JRバスで四条烏丸❸	37〜39
京都御所 下鴨神社	32 34	❶❺	30+5	北野白梅町(P62)∰**203**で堀川今出川❸・烏丸今出川❷・河原町今出川❸・出町柳駅前バス停(P34)	35〜・39〜43〜・45〜
西陣	36	❶❺	30+4	北野白梅町(P62)∰**205**で下鴨神社前❶	26+25
二条城・二条駅	38	❶❺	30〜	JRバスで二条駅前バス停(二条城へは徒歩15分)	33〜35
清水寺・祇園	44 46	❶❷ ❺	30+6〜	四条大宮(P28)∰市バス**46・201・203**で祇園・五条坂・清水道各バス停	52+17〜
平安神宮 永観堂	50 52	❶❺	30+6〜	北野白梅町(P62,P81)∰**204**で熊野神社前バス停・岡崎道❺・東天王町❻	26+24〜28
銀閣寺	54	❶❺	30+5〜	北野白梅町∰**203**等で銀閣寺道❷	26+27
北野天満宮	62	❶❺	30	JRバス(立命館大経由)で北野白梅町バス停	24・26
金閣寺	64	❶❺	30	JRバス(立命館大経由)で御室仁和寺❸・龍安寺前❶・立命館大学前❼・わら天神前バス停(金閣寺最寄停)(P64)	15〜24
龍安寺・仁和寺 妙心寺	66	❶❺	30	JRバス(立命館大経由を除く)で御室仁和寺❸・妙心寺北門前❻	15〜・18〜
嵐山	70	❶❺	30+6〜+7	御室仁和寺(P66)∰**10・26・59**で山越中町(巻頭路線図A参照)∰**11**で嵯峨小学校前❽・嵐山天龍寺前❶(平日のみ)、土休日は嵯峨瀬戸川町⓾・角倉町バス停	15〜+8〜+7〜

79

その他の名所 大原

❶ 大原

目的地	参照頁	乗り場	待ち時分	アクセスと下車バス停 ※太字は1時間に4便以上(昼間)	乗車時分
京都駅	18	❶	10·30	京都バス17・特17で京都駅前 ⓒ	65·75
		❶	15·30+4	京都バス19・特17で国際会館駅前(巻頭路線図参照)🚇国際会館駅から地下鉄烏丸線で🚇京都駅	22+20
四条河原町	24	❶	15·30	京都バス17・特17で四条河原町 ❶	48·58
四条烏丸	26	❶	15·30	京都バス17・特17で四条高倉㉒・四条烏丸 ❹	52〜·55〜
		❶	15+4	🚇国際会館駅から地下鉄烏丸線で🚇四条駅	22+16
河原町三条	30	❶	10·30	京都バス17・特17で三条京阪前㊳・河原町三条 ❸	42〜·45〜
京都御所	32	❶	15+4	国際会館駅前(巻頭路線図参照)🚇国際会館駅から地下鉄烏丸線で🚇今出川駅	22+9
二条城二条駅	38	❶	15+4+4	三条京阪前㊳(巻頭路線図参照)🚇三条京阪駅から地下鉄東西線[下り]で🚇二条城前駅・🚇二条駅	42+6·8
		❶	15+4+4	国際会館駅前🚇国際会館駅から地下鉄烏丸線🚇烏丸御池駅🚇地下鉄東西線[下り]で🚇二条城前駅・🚇二条駅	22+13+2·4
清水寺・祇園知恩院平安神宮	44·46·48·50	❶	15+4〜	高野橋東詰㊻❷06(東行)で東山二条・岡崎公園口⓭、東山三条❷・知恩院前❺・祇園❶・清水道❶	28〜+15〜25
平安神宮永観堂・南禅寺哲学の道・銀閣寺	50·52·54	❶	15+5	花園橋(P78)㊻5(南行)で銀閣寺道❷、東天王町❸、南禅寺・永観堂道❶、岡崎公園 美術館・平安神宮前❶	19+15〜25
南禅寺	52	❶	15+4+4	🚇国際会館駅から地下鉄烏丸線🚇烏丸御池駅㊻地下鉄東西線[上り]で🚇蹴上駅	23〜+13+7
バス停高野橋東詰		❶	15·30	京都バス17・特17で高野橋東詰(川端通南西)(巻頭路線図参照)	28·38
詩仙堂曼殊院	56	❶	10+5〜	花園橋㊻5·31(南行)で一乗寺清水町❶(31は❶のみ)・一乗寺下り松町❸	19+5·6
バス停花園橋	78	❶	15·15	京都バス17・特17・19で花園橋(P78,白川通南東)・(19・特17は花園橋(同北東)(巻頭路線図も参照)	19
バス停国際会館駅前	78	❶	15·30	京都バス19・特17で国際会館駅前(巻頭路線図も参照)	22

乗換に便利な交差点

千本北大路 P60

北野白梅町 P62

千本今出川 P62

百万遍 （ひゃくまんべん） P6 京都全体図（索引図）参照

西ノ京円町 （にしのきょうえんまち）（JR円町駅） P6 京都全体図（索引図）参照

千本丸太町 （せんぼんまるたまち） P38

河原町丸太町 （かわらまちまるたまち） P32

西大路三条
にしおおじさんじょう

P6 京都全体図(索引図)参照

西大路四条
にしおおじしじょう
P6 京都全体図(索引図)参照
（阪急・嵐電西院駅）

七条大宮・京都水族館前
しちじょうおおみや・きょうとすいぞくかんまえ

P22

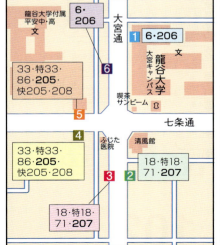

地下鉄九条駅前（大石橋）
ちかてつくじょうえきまえ・おおいしばし

P6 京都全体図(索引図)参照

市バス EX100〔観光特急〕

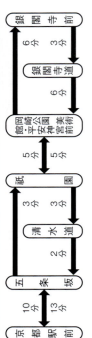

EX101〔観光特急〕

EX100
EX101

市バス 102〔均一〕

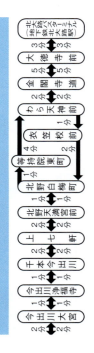

102

市バス系統図と時刻表QRコード

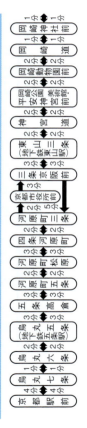

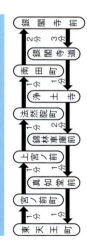

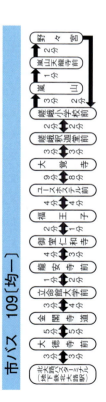

105

109

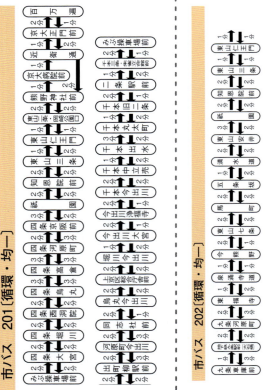

201

202

市バス系統図と時刻表QRコード

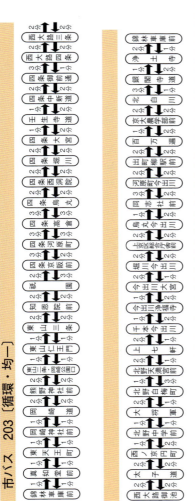
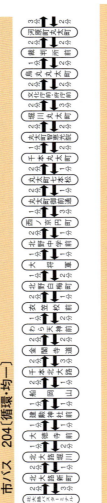

203　　　**204**

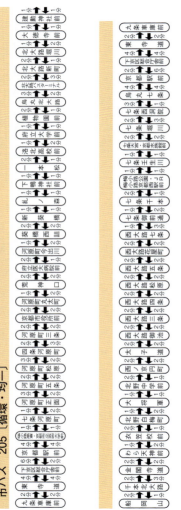

205

206

市バス系統図と時刻表QRコード

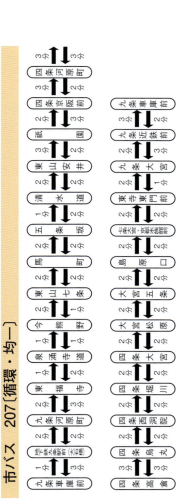

市バス 207〔循環・均一〕

四条河原町 ⇅ 3分/3分
四条京阪前 ⇅ 3分/2分
祇園 ⇅ 3分/2分
東山安井 ⇅ 2分/2分
清水道 ⇅ 1分/1分
五条坂 ⇅ 2分/2分
馬町 ⇅ 2分/2分
東山七条 ⇅ 2分/1分
今熊野 ⇅ 1分/1分
泉涌寺道 ⇅ 1分/1分
東福寺 ⇅ 2分/2分
九条河原町 ⇅ 2分/2分
地下鉄九条駅前(大石橋) ⇅ 1分/3分
九条車庫前

九条車庫前 ⇅ 3分/2分
九条近鉄前 ⇅ 2分/3分
九条大宮 ⇅ 2分/1分
東寺東門前 ⇅ 2分/2分
七条大宮・京都水族館前 ⇅ 2分/2分
島原口 ⇅ 2分/2分
大宮五条 ⇅ 2分/1分
大宮松原 ⇅ 2分/2分
四条大宮 ⇅ 2分/2分
四条堀川 ⇅ 2分/2分
四条西洞院 ⇅ 2分/2分
四条烏丸 ⇅ 3分/3分
四条高倉

207

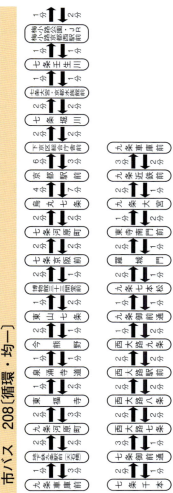

市バス 208〔循環・均一〕

梅小路公園・京都鉄道博物館/梅小路・京都駅西口/JR梅小路京都西駅前 ⇅ 1分/1分
七条壬生川 ⇅ 1分/1分
七条大宮・京都水族館前 ⇅ 2分/2分
七条堀川 ⇅ 2分/2分
下京総合庁舎前 ⇅ 6分/6分
京都駅前 ⇅ 4分/7分
烏丸七条 ⇅ 2分/2分
七条河原町 ⇅ 2分/2分
七条京阪前 ⇅ 2分/1分
博物館三十三間堂前 ⇅ 1分/2分
東山七条 ⇅ 2分/2分
今熊野 ⇅ 1分/1分
泉涌寺道 ⇅ 1分/1分
東福寺 ⇅ 2分/2分
九条河原町 ⇅ 2分/2分
地下鉄九条駅前(大石橋) ⇅ 1分/1分
九条車庫前

九条車庫前 ⇅ 3分/2分
九条近鉄前 ⇅ 2分/3分
九条大宮 ⇅ 1分/2分
東寺南門前 ⇅ 2分/2分
羅城門 ⇅ 2分/1分
九条七本松 ⇅ 1分/1分
九条御前通 ⇅ 1分/1分
西大路九条 ⇅ 2分/2分
西大路駅前 ⇅ 2分/2分
西大路八条 ⇅ 2分/2分
西大路七条 ⇅ 3分/1分
七条御前通 ⇅ 2分/1分
七条千本

208

市バス 1[均一]

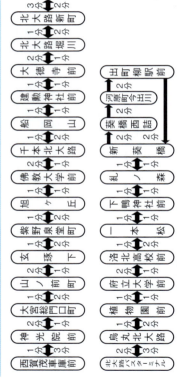

市バス 3[均一]

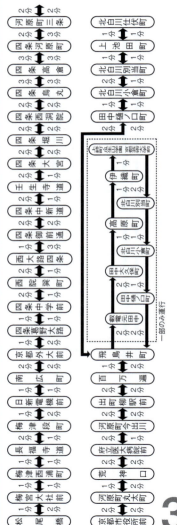

市バス系統図と時刻表QRコード

市バス 4・特4 [均一]

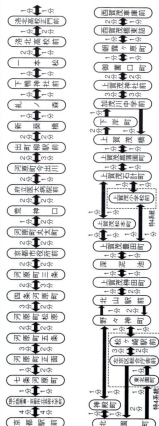

市バス 5 [均一]

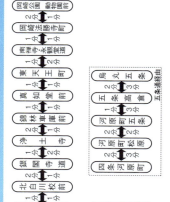
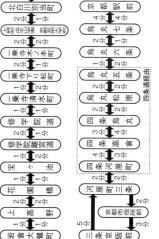

4・特4 　 5

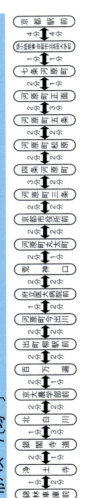

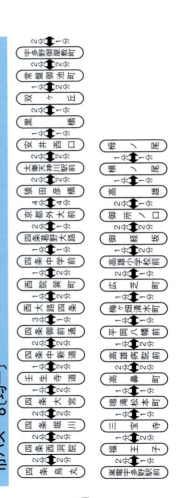

市バス 9 [均一]

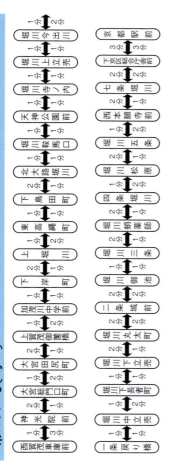

市バス 10 [均一]

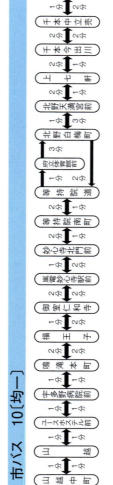

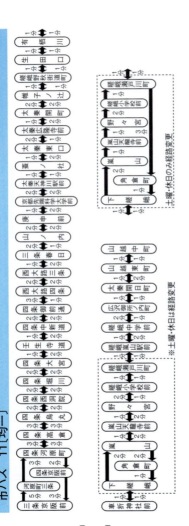

市バス 11 [均一]

市バス 12 [均一]

市バス系統図と時刻表QRコード

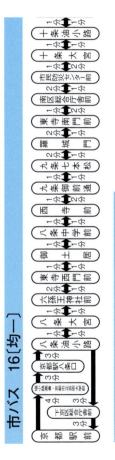
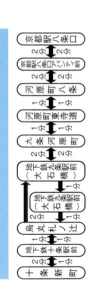

市バス 15［均一］

市バス 16［均一］

15　　　16

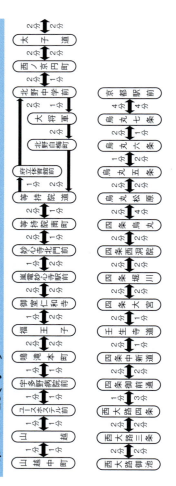

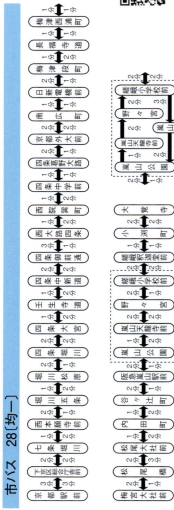

市バス系統図と時刻表QRコード

市バス 29［多区間］

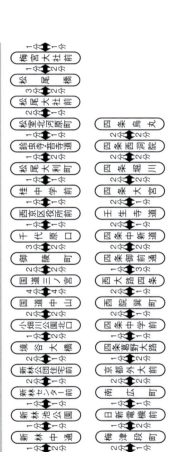

市バス 32［均一］

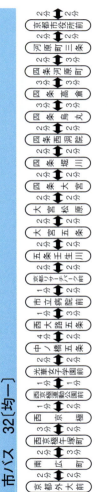
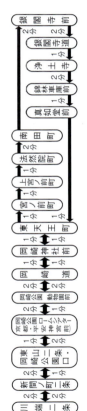

29

32

市バス 37 [均一]

西賀茂車庫前 →1分→ 神光院前 →2分→ 大宮総門口町 →1分→ 大宮田尻町 →2分→ 上賀茂御薗橋 →1分→ 加茂川中学前 →1分→ 下岸町 →2分→ 上堀川 →1分→ 東高縄町 →1分→ 下鳥田町 →2分→ 北大路堀川 →1分→ 北大路新町 →2分→ 北大路バスターミナル →2分→ 烏丸北大路

松ノ下町 →1分→ 出雲路橋 →1分→ 出雲路俵町 →1分→ 出雲路神楽町 →2分→ 葵橋西詰 →2分→ 河原町今出川 →1分→ 府立医大病院前 →1分→ 荒神口 →2分→ 河原町丸太町 →2分→ 京都市役所前 →2分→ 河原町三条 →3分→ 四条河原町 →2分→ 四条京阪前 →3分→ 三条京阪前

下総町 →2分→ 松ノ下町

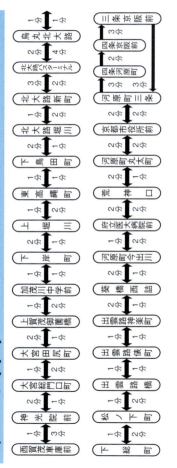

市バス 42 [多区間]

京都駅前 →3分→ 下京区総合庁舎前 →4分→ 東寺道 →2分→ 東寺東門前 →1分→ 九条大宮 →2分→ 東寺南門前 →1分→ 南区総合庁舎前 →2分→ 市民防災センター前 →2分→ 千本十条 →1分→ 落合町 →2分→ 吉祥院天満宮前 →2分→ 吉祥院高畑町 →2分→ 塔南高校前 →1分→ 吉祥院池田町 →1分→ 吉祥院堂ノ後町 →2分→ 久世橋東詰 →1分→ 久世橋西詰 →3分→ 久我 →3分→ 中久世 →3分→ 中久世一丁目 →1分→ 久世七本松 →3分→ JR桂川駅前 →2分→ 高田町 →2分→ 洛西口駅前

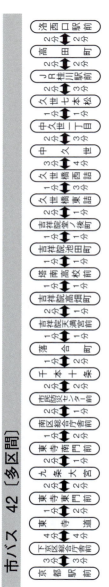

市バス系統図と時刻表QRコード

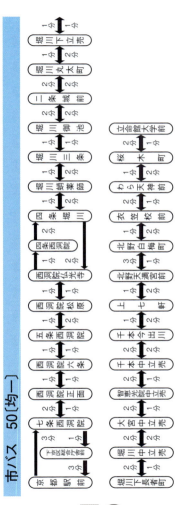

市バス 50[均一]

50

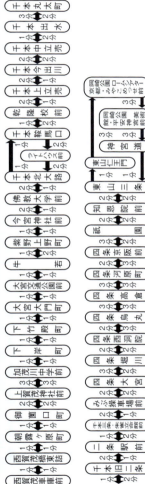

市バス 46[均一]

46

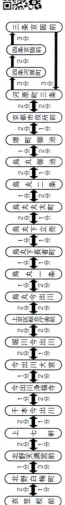

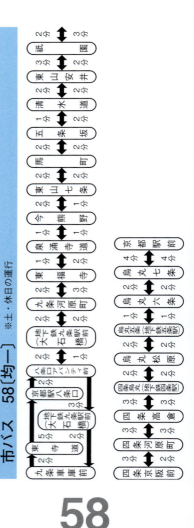

51

55

58

市バス系統図と時刻表QRコード

市バス 59 [均一]

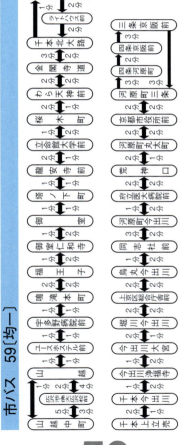

市バス 65 [均一]

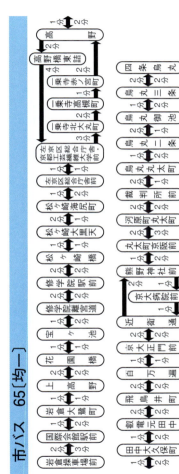

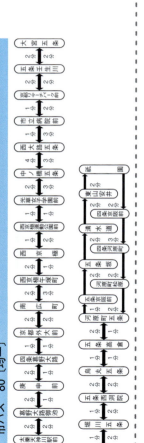

市バス 80 [均一]

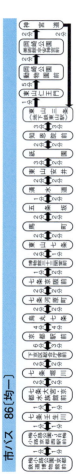

市バス 86 [均一]

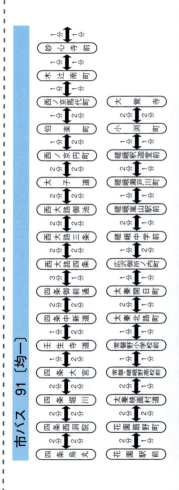

市バス 91 [均一]

市バス系統図と時刻表QRコード

市バス93 [均一]

錦林車庫前 →1分→ 真如堂前 →2分→ 東天王町 →1分→ 岡崎神社前 →2分→ 岡崎道 →2分→ 熊野神社前 →1分→ 丸太町京阪前 →3分→ 河原町丸太町 →2分→ 裁判所前 →1分→ 烏丸丸太町 →2分→ 文庁前・府庁前 →3分→ 堀川丸太町 →2分→ 丸太町智恵光院 →2分→ 千本丸太町 →1分→ 丸太町七本松 →2分→ 丸太町御前通 →3分→ 西ノ京円町 →1分→ 佰楽町

市バス93（続き）

西ノ京馬代町 →1分→ 本辻南町 →1分→ 妙心寺前 →1分→ 花園駅前 →2分→ 花園扇野町 →1分→ 太秦映画村道 →2分→ 常盤窓野校前 →1分→ 常盤野小学校前 →1分→ 大秦北路 →2分→ 大秦開日町 →2分→ 広沢御所ノ内町 →1分→ 嵯峨中学前 →2分→ 嵯峨嵐山駅前 →1分→ 嵯峨瀬戸川町 →4分→ 嵯峨小学校前 →1分→ 野々宮 →2分→ 嵐山天龍寺前 →1分→ 嵐山

市バス 北1 [均一]

北大路バスターミナル →2分→ 北大路新町 →1分→ 北大路堀川 →2分→ 下鳥田町 →1分→ 東高縄町 →2分→ 上堀川 →1分→ 下緑町 →2分→ 常徳寺前 →1分→ 紫野泉堂町 →1分→ 旭ヶ丘 →1分→ 佛教大学前 →1分→ 北大ノ畑町 →1分→ 鷹峯上ノ町 →1分→ 土天井町 →1分→ 鷹峯光庵前 →1分→ 釈迦谷口 →2分→ 玄琢下 →2分→ 玄琢

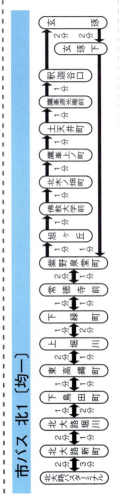

市バス 北3 [均一]

北大路バスターミナル →3分→ 烏丸北大路 →2分→ 東元町 →3分→ 上賀茂橋 →2分→ 上賀茂御園橋 →2分→ 御薗口町 →1分→ 朝露ヶ原町 →2分→ 柊野別れ →2分→ ゴルフ場前 →4分→ 京都産大前

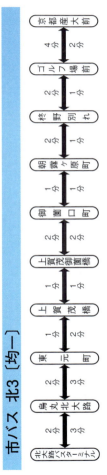

93　北1　北3

市バス北8〔循環・均一〕

松ヶ崎駅前 ⇄ 野々神町 ⇄ 松ヶ崎海尻町 ⇄ 北山駅前 ⇄ 松ヶ崎大黒天 ⇄ 植物園北門前 ⇄ 松ヶ崎橋 ⇄ 北山橋東詰 ⇄ 修学院駅前 ⇄ 東元町 ⇄ 修学院道 ⇄ 元町 ⇄ 一乗寺清水町 ⇄ 上堰川 ⇄ 一乗寺下り松町 ⇄ 下緑町 ⇄ 一乗寺木ノ本町 ⇄ 常徳寺前 ⇄ 一乗寺梅ノ木町 ⇄ 紫野泉堂町 ⇄ 一乗寺地蔵本町 ⇄ 旭ヶ丘 ⇄ 高野 ⇄ 佛教大学前 ⇄ 高野橋東詰 ⇄ 千本北大路 ⇄ 高木町 ⇄ 船岡山 ⇄ 下鴨東本町 ⇄ 建勲神社前 ⇄ 洛北高校前 ⇄ 大徳寺前 ⇄ 府立大学前 ⇄ 北大路堀川 ⇄ 植物園前 ⇄ 北大路新町 ⇄ 烏丸北大路 ⇄ 北大路バスターミナル

北8

市バス南5〔均一〕

京都駅前 ⇄ 九条車庫・京都芸術大前 ⇄ 七条京阪前 ⇄ 塩小路橋 ⇄ 東福寺道 ⇄ 月輪 ⇄ 十条相深町 ⇄ 稲荷大社前 ⇄ 警察学校前 ⇄ 龍谷大学前 ⇄ 深草西浦町 ⇄ 青少年科学センター前 ⇄ 竹田出橋 ⇄ 竹田駅東口

南5

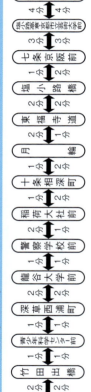

市バス南8〔多区間〕

横大路車庫前 ⇄ 府道横大路 ⇄ 八丁 ⇄ 横大路 ⇄ 三栖町 ⇄ 下鳥羽 ⇄ 国道下鳥羽 ⇄ 国道大手筋 ⇄ 三栖公園前 ⇄ 三栖大黒町 ⇄ 西大手筋 ⇄ 京橋 ⇄ 中書島 ⇄ 京都府警察学校前 ⇄ 三栖向地団地前 ⇄ 観音寺宮ノ前 ⇄ 阪神丹波橋 ⇄ 丹波橋 ⇄ 桃山中学前 ⇄ 最上町 ⇄ 墨染 ⇄ 藤森神社前 ⇄ 師団街道四ノ橋丁目 ⇄ 青少年センター前 ⇄ 下町 ⇄ 陸運共済前 ⇄ 竹田出橋 ⇄ 竹田駅東口

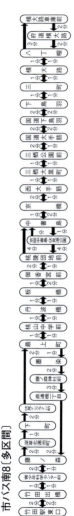

南8

物件索引

物件名	ページ
化野念仏寺（あだしの）	72A2
安達くみひも館	32A3
阿弥陀寺	34B3
嵐山モンキーパーク・いわたやま	70B3
安楽寺	54D4
今熊野観音寺	40D2
今宮神社	60B2
井村美術館	34C2
岩倉具視幽棲旧宅・対岳文庫	78B1
梅宮大社（うめのみや）	74D3
雲龍院（泉涌寺塔頭）	40D3
永観堂	52D2
圓光寺（えんこうじ）	56C3
円通寺	78A3
圓徳院（高台寺塔頭）	44B2
厭離庵（えんりあん）	72B3
大河内山荘（おおこうち）	70A2
大田神社	58C4
大橋家庭園（苔涼庭）（たいりょうてい）	76B3
戒光寺（泉涌寺塔頭）	40C2
嘉祥寺（深草聖天）	76C2
何必館・京都現代美術館（かひつ）	46C4
上賀茂神社（賀茂別雷）	58B3
河井寛次郎記念館	42C1
観智院（東寺塔頭・別格本山）	22C3
漢字ミュージアム	46C4
祇王寺	72A3
ギオンコーナー	44A1
キザクラカッパカンパニー・河童資料館	77B3
北野天満宮	62B3
北村美術館	32D1
京菓子資料館（ギルドハウス京菓子）	36B2
京都嵐山オルゴール博物館	70C1
京都祇園らんぷ美術館	46D4
京都国立近代美術館	50C4
京都国立博物館	42C3
京都御所	32B2
京都市京セラ美術館	50C3
京都市考古資料館	36A3
京都市青少年科学センター	76B3
京都市歴史資料館	32C4
京都市水族館	22C1
京都タワー	18C2
京都鉄道博物館	22A2
京都伝統産業ミュージアム	50B3
京都府京都文化博物館	26B2
京都霊山護国神社（りょうぜん）	44C2
清水三年坂美術館	44C3
清水寺	44D4
金閣寺（鹿苑寺）	64C1
銀閣寺（慈照寺）	54D2
車折神社（くるまざき）	74C1
桂春院（けいしゅんいん）	66D4
月桂冠大倉記念館	77B3
建仁寺（けんにんじ）	44A2
弘源寺（こうげんじ）	70C2
高山寺（こうざんじ）	79C1
高台寺	44C1
高台寺掌美術館（しょう）	44B1
高桐院（こうとういん）	60B3
高麗美術館（こうらい）	58A5
広隆寺（こうりゅうじ）	68B3
御香宮（ごこうのみや）	77C2
護浄院（清荒神）（きよしこうじん）	32C3
金戒光明寺（黒谷さん）（こんかい）	54B4
金剛寺（八坂庚申堂）	44B2
欣浄寺（伏見大仏）（ごんじょうじ）	76B4
金地院（こんちいん）	52C3
近藤悠三記念館	44C4
金福寺（こんぷくじ）	56C4
西運寺（狸寺）	77C3
西岸寺（油懸地蔵）	77A2
西明寺（さいみょうじ）	79B1
嵯峨嵐山文華館	70B2
京都市嵯峨鳥居本町並み保存館	72A2
三十三間堂（蓮華王院）	42B4
直指庵（じきしあん）	72C1
地主神社（じしゅ）	44D3
詩仙堂	56C4
実相院（じっそういん）	78B1
島津製作所 創業記念資料館	30C1
下鴨神社（賀茂御祖）	34D2
石像寺（釘抜地蔵）（しゃくぞうじ）	62D2
聖護院（しょうごいん）	50C1
相国寺（しょうこくじ）	34A3
常寂光寺（じょうじゃっこうじ）	70A1
清浄華院（しょうじょうけいん）	32C2
渉成園（枳殻邸）（しょうせいえん）	20D2
承天閣美術館（じょうてんかく）	34A3
青蓮院（しょうれんいん）	48C3
白峯神宮（しらみね）	36B3
神泉苑（しんせんえん）	38C4
新選組屯所旧跡（八木家邸）	28A2
神護寺（じんごじ）	79A2
真如堂（真正極楽寺）	54B3
瑞峯院（ずいほういん）	60C3
晴明神社（せいめい）	36B4
清涼寺（嵯峨釈迦堂）	72C3
赤山禅院（せきざん）	56D1
積善院（準提堂　五大力さん）	50C1
石峰寺（せきほうじ）	76C4
泉屋博古館（せんおくはくこかん）	54C5
泉涌寺（せんにゅうじ）	40D3
千本釈迦堂（大報恩寺）	62C2
千本閻魔堂（引接寺）（いんじょうじ）	62D1
即成院（そくじょういん）	40C2
大覚寺	72C2
退耕庵（東福寺塔頭）	40A2
大将軍八神社	62B4
大心院（妙心寺塔頭）	66D4
大仙院（大徳寺塔頭）	60C2
退蔵院（妙心寺塔頭）	66D4
大徳寺	60C2
大悲閣 千光寺	70A2
滝口寺	72B3
建勲神社（たけいさお）	60B3
壇林寺	72B3
知恩院	48D4
智積院（ちしゃくいん）	42C3
茶道資料館（ちゃどう）	36B1
辨財天長建寺	77B3
長楽寺	48D5
寺田屋	77A3
天授庵（南禅寺塔頭）	52C3
天得院（桔梗の寺）	40A3
天龍寺	70B2
東映太秦映画村	68B3
東寺（教王護国寺）	22B3
等持院（とうじいん）	64B4
東福寺	40B3
府立堂本印象美術館	64B3
東林院（妙心寺塔頭）	66D4
豊国神社（とよくに）	42B2
梨木神社（なしのき）	32C2
南禅院（南禅寺別院）	52D3
南禅寺	52D3
新島旧邸（にいじま）	32C4
西陣織会館	36B4
西本願寺	20A2
二条城（元離宮二條城）	38C3
二条陣屋	38C4
二尊院	72B2
仁和寺（にんなじ）	66B2
野宮神社（ののみや）	70B1
野村美術館	52C2
白沙村荘（はくさそんそう）（橋本関雪記念館）	54C4
幕末維新ミュージアム 霊山歴史館	
長楽寺末廟 真宗本廟	20C2
琵琶湖疏水記念館	52B3
風俗博物館	20B2
福田美術館	70C2
藤森神社（ふじのもり）	76B4
伏見稲荷大社	76C1
芬陀院（ふんだいん）（雪舟寺）	40A4
平安宮	50C2
宝篋院（ほうきょういん）	72C3
宝鏡寺（人形寺）（ほうきょうじ）	36B2
宝厳院（ほうごんいん）	70B2
法金剛院	66C5
法住寺（ほうじゅうじ）	42B4
宝塔寺（七面山）	76C2
法然院	54D3
細見美術館	50B3
本能寺	30B3
松尾大社	74B4
円山公園（まるやま）	48C5
曼殊院（まんしゅいん）	56D2
壬生寺（みぶでら）	28A3
みやこめっせ（京都市勧業館）	50C4
妙心寺	66B4
妙蓮寺（みょうれんじ）	36A1
無鄰菴（むりんあん）	52B3
八坂神社	48B5
八坂の塔（法観寺）	44B2
安井金比羅宮	44B2
養源院	42C4
来迎院（泉涌寺塔頭）	40D2
樂美術館	36B5
落柿舎（らくししゃ）	70B1
洛東遺芳館	42A1
立命館大学国際平和ミュージアム	64C3
龍安寺（りょうあんじ）	66C1
龍吟庵（りょうぎんあん）	40B3
龍源院（りょうげんいん）	60C3
霊山観音（りょうぜん）	44C2
霊山歴史館	44C2
霊雲院（東福寺塔頭）	40A3
霊鑑寺	54D4
鹿王院（ろくおういん）	74B1
六道珍皇寺（ろくどうちんこうじ）	44A2
六波羅蜜寺（ろくはらみつじ）	44A3
廬山寺（ろざんじ）	32C2
六角堂（紫雲山頂法寺）	26B3

問い合わせ先

◇京都市交通局
　市バス・地下鉄に関する問い合わせ先
　　交通局　太秦天神川 ─────────────── 075-863-5200
　　京都駅前　JR 京都駅前バス総合案内所内 ───── 075-371-4474
　　コトチカ京都　地下鉄京都駅中央 1 改札口横 ──── 075-371-9866
　　烏丸御池駅 ─────────────────── 075-213-1650
　　北大路　北大路バスターミナル内（地下 3F） ──── 075-493-0410
　忘れ物問い合わせ先（前日までの分）
　　北大路案内所（地下鉄北大路駅構内）─────── 075-493-0410
　　※当日の忘れ物は各営業所まで。

◇京都バス　本社 ──────────────────── 075-871-7521
◇西日本 JR バス 京都営業所 ─────────────── 075-672-2851
◇京阪バス　山科営業所 ───────────────── 075-581-7189
◇京都総合観光案内所（京なび）京都駅ビル 2 階、南北自由通路沿い ── 075-343-0548

　本書は本年 4 月 1 日現在判明分の交通情報に基き編集した最新版です。その後の判明及び改正についてはご容赦ください。なお、各データは以後、予告なく各交通機関の事情により変更されることがあります。主な改正内容は次のとおりです。

交通改正
〈京都市交通局〉市バスの 2025 年 3 月 22 日、系統の一部廃止・運行経路の見直し等にあわせた編集内容です。土休日運行には 12 月 29 日から 1 月 3 日、8 月 14 から 16 日が含まれます。
〈京都バス〉2025 年 3 月 31 日の改正に対応しています。
〈西日本ジェイアールバス　高雄・京北線〉2025 年 3 月 22 日改正で、本誌は対応しています。
●今後の動向は各交通機関の公式 HP 等でご確認ください。

　本書掲載の地図は、国土地理院発行の地形図をもとに作成いたしました。
　本書の記事、データー等の無断転載・複製をお断りします。©ユニプラン 2025
　尚、本書ご利用の際は、データ更新の最新版をご利用いただきますようお願いいたします。

　本書に掲載している拝観情報は本年 4 月現在判明分です。内容は各施設の都合等により、予告なく変更されることがあります。本誌ご利用にあたっての拝観・見学等は、各施設までご確認をおすすめいたします。

一日乗り放題！各施設で優待や割引も！
京（きょう）を「地下鉄・バス一日券」で巡る本　2025 〜 2026
定価 660 円（本体 600 円＋税 10%）

第 1 版第 1 刷
発行日　2025 年 5 月 1 日
編集　　橋本豪・ユニプラン編集部
制作　　ユニプラン制作部
表紙　　岩崎宏
発行人　橋本良郎

ISBN978-4-89704-621-1

発行所／株式会社ユニプラン
〒 601-8213
京都市南区久世中久世町 1 丁目 76
　TEL.075-934-0003
　FAX.075-934-9990
振替口座／ 01030-3-23387
印刷所／株式会社プリントパック